Zimbabwe Regionalführer

Viktoriafälle und Umgebung

Victoria Falls, Hwange Nationalpark, Livingstone (Zambia) und Chobe Nationalpark (Botswana)

Weltweit grösste Reisemesse ITB Berlin BuchAward 2022

Ilona Hupe Verlag
München

„Reisen veredelt den Geist und räumt mit unseren Vorurteilen auf"
von Oscar Wilde

Wissenswertes über die Viktoriafälle

Geschichte

Landeskunde

Zur Einstimmung

Besuch der Viktoriafälle

Ausflug nach Zambia

Ausflug nach Botswana

Hwange Nationalpark (Zimbabwe)

Reisevorbereitung

Landkarten und Ortspläne

Liebe Leser und Afrikafreunde,

Danke, dass Sie unseren Reiseführer ausgewählt haben.

Zimbabwe befindet sich seit der Jahrtausendwende in einem touristischen Dornröschenschlaf, obwohl es eines der charmantesten Reiseziele im südlichen Afrika ist. Politische und wirtschaftliche Umwerfungen haben das blühende, fruchtbare Land zu einem krisengebeutelten Armenhaus werden lassen, und die kollabierende Infrastruktur und instabile Rechtslage verschreckten zu Beginn der 2000er Jahre all die Touristen, die bis dahin begeistert in dieses schöne, herzliche und gastfreundliche Land gereist waren.

Doch selbst in den trübsten Jahren der Krise blieb die Randregion an den Viktoriafällen stets sicher und bereisbar. Der Mangel an Industrie und Landwirtschaft, der dieses Gebiet früh zu einer Touristenhochburg werden ließ, kam ihm dabei entgegen. Und so setzte in Zimbabwe langsam, aber stetig eine Erholung ein. Es ist ziemlich beeindruckend, mit welchem kollektiven Engagement und mit welch großer Hoffnung die Menschen – egal welcher Hautfarbe – hier den Wiederaufbau betreiben.

Oben: Weltweit gehören rund 20 % aller Käfer zur Familie der Curculionidae. Die Wissenschaft geht von mindestens 40 000 bis 60 000 verschiedenen Arten aus. Damit gelten die Rüsselkäfer als die artenreichste Tierfamilie der Welt.

Wer heute in Victoria Falls urlaubt, wird von Notlagen und Fehlentwicklungen im restlichen Land kaum etwas ahnen. Die Naturschönheiten begeistern unverändert, die touristische Infrastruktur ist wieder erstaunlich gut und vielseitig, und von Jahr zu Jahr kehren mehr Besucher aus aller Welt zurück.

Das Land Zimbabwe, das wir bereits in seinen unbeschwerten Zeiten so intensiv kennen lernen durften, hat sich tief in unsere Herzen gebrannt. Unsere erste Reise an die Viktoriafälle liegt bereits 40 Jahre zurück; ein Zeitraum, in dem sich Zimbabwe einerseits kolossal verändert hat, andererseits aber unverändert blieb: ein Land mit spektakulären Naturschönheiten und einer ausgesprochen liebenswerten Bevölkerung.

Die letzte Krise – die Coronapandemie – bescherte auch Zimbabwe lange Lockdowns und Grenzschließungen. Zugleich brachte dieser Einschnitt bemerkenswerte Veränderungen hervor. So führte die plötzliche Stille und Leere in Victoria Falls zu einem überraschenden „Besucheransturm“: Plötzlich tauchten Elefanten und Büffel überall im Ort auf, streiften neugierig durch die Wohngebiete und sind auch heute noch viel präsenter im Siedlungsgebiet als all die Jahre zuvor. Warzenschweine, Mangusten, Meerkatzen und Paviane stromern sowieso durch den Ort.

Dieser Reiseführer widmet sich den Viktoriafällen und umliegenden Sehenswürdigkeiten, die für Tages- und Kurzausflüge angeboten werden: Zambias Seite der Viktoriafälle, Botswanas Safarigebiete am Chobe River und den weitläufigen Hwange Nationalpark, der südlich der Viktoriafälle in Zimbabwe liegt. Das Buch beinhaltet keine politische Bewertung Zimbabwes, sondern eine aktuelle touristische Bestandsaufnahme für die interessante Region im Länderdreieck Zimbabwe – Zambia – Botswana.

Alle Angaben und Informationen wurden mit größtmöglicher Sorgfalt zusammengetragen und recherchiert. Preise ändern sich jedoch in Afrika schnell und ohne Vorankündigung; für Zimbabwe gilt das ganz besonders. Bitte schreiben Sie uns, wenn Ihnen Veränderungen auffallen. Ihre positive Beurteilung bestärkt uns in unserer Arbeit. Ihre Anregungen oder Kritik sind für uns eine wertvolle Hilfe, damit der Reiseführer weiterhin aktuell und leserfreundlich bleibt.

Wir wünschen Ihnen viel Spaß beim Lesen und Reisen!

Ilona Hupe und Manfred Vachal, im Sommer 2023

Geschichtlicher Überblick

Die Besiedlung des heutigen Staates Zimbabwe reicht nachweislich bis in das Paläolithikum (50 000 bis 20 000 v. Chr.) zurück. Seit ungefähr 10 000 v. Chr. haben umherstreifende Jäger und Sammler Werkzeuge aus Knochen und Steinen verwendet und erste Felsbildmalereien der Nachwelt hinterlassen. Ein deutlicher Entwicklungsschub passierte rund 300 Jahre vor unserer Zeitrechnung mit der Zuwanderung von Bantu-Volksgruppen aus dem nördlichen Zentralafrika. Die Neuankömmlinge waren den Ureinwohnern überlegen, denn sie besaßen landwirtschaftliche und handwerkliche Kenntnisse und organisierten sich in größeren Verbänden. Rasch besiedelten sie das fruchtbare Hochland und drängten die Ureinwohner in unwirtliche Gegenden wie die Kalahari ab. Nun entstanden Dörfer, in denen Ziegen und Schafe gehalten, Wanderhackbau (Hirse und Sorghum) betrieben und Eisen verarbeitet wurde.

Im 5. Jh. setzte ein wenig Goldhandel mit der Ostküste Afrikas ein; 400 Jahre später bestand bereits ein reger Handel mit Indien und dem Fernen Osten, der über arabische Handelsschiffe abgewickelt wurde. Gold und Elfenbein wurden gegen feine Stoffe und Perlen getauscht. In dieser Entwicklungsphase erfuhr das Rind eine Aufwertung zum Symbol für Wohlstand und Macht. Das sich nun entwickelnde individuelle Bestreben, größtmöglichen Viehbestand zu erwirtschaften, lebt bis heute fort.

Zum Ende des ersten Jahrtausends hatten die Menschen im zimbabwischen Hochland eine Zivilisationsstufe erreicht, die den Vergleich mit dem damaligen Mitteleuropa kaum zu scheuen brauchte. Die Landwirtschaft war gut entwickelt und ertragreich, und der Goldabbau sicherte den Handel mit fernen Zivilisationen und wurde bereits über gut erschlossene Handelswege zu den Küstenstädten abgewickelt. Auf diesem günstigen Nährboden sollten sich bald blühende Kultur- und Machtzentren entwickeln.

Great Zimbabwe und andere Großreiche

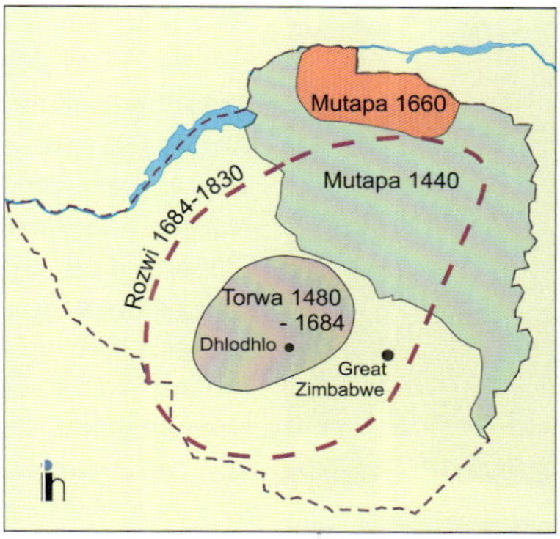

Die berühmteste Hochkultur im ganzen südlichen Afrika sollte dem modernen Staat einmal seinen Namen geben. Dank der Handelsrouten zwischen den Gold-Produktionszentren im Westen und den Handelsstädten an der Ostküste gelangten die Kalanga-Shona-Ansiedlungen im zentralen Hochland, nahe der heutigen Stadt Masvingo, zu großem Wohlstand. Etwa ab 1100 n. Chr. begannen sie mit der Befestigung ihrer Wohnsiedlungen aus Steinen (Dzimba Dza Mabwe heißt Steinhäuser). Die größte der steinernen Anlagen, heute als die Ruinen von Great Zimbabwe bekannt, war der Wohnsitz des Königs und der Oberschicht. Zugleich befand sich dort ein religiöses Zentrum, in dem zu Spitzenzeiten bis zu 17 000 Menschen lebten. Damit war Great Zimbabwe seinerzeit die größte Stadt südlich der Sahara. Während seiner Blütezeit vom 13. bis frühen 15. Jh. beherrschte das Großreich Zimbabwe den gesamten Gold- und Elfenbeinhandel der Region. Ton- und Porzellangefäße sowie Perlen aus Indien und China belegen den wirtschaftlichen Reichtum, kunstvoll bearbeitete Plastiken und mythische Tierfiguren dokumentieren eindrucksvoll die kulturelle Entwicklung jener Epoche.

Der Niedergang des Reiches setzte plötzlich ab 1450 n. Chr. ein, und im 16. Jh. wurde das Zentrum schließlich endgültig verlassen. Das Land spaltete sich nun in zwei Lager. Das Kernreich im Zentrum und Nordosten wurde vom Mutapa- bzw. Monomatapa-Reich absorbiert, während sich im Westen das Torwa-Reich (auch Khami Empire und Königreich von Butwa genannt) etablierte. Beide Staaten standen fortan für Jahrhunderte in Konflikt. Stets gründete sich der Reichtum eines Großreichs auf der Macht über den Goldhandel und es wurde traditionell in riesige Viehbestände investiert. Dies war zugleich der wunde Punkt aller Großreiche, denn aufstrebende Dynastien erschütterten deren Machtstellung mit Überfällen auf die Viehbestände. Mit dieser Taktik und durch den Einfluss der Portugiesen, die im 16. Jh. die mosambikanische Küste besetzten, gelangten die Changamire an die Macht und schufen das Rozwi-Reich. Es bestand zwischen 1684 und 1838.

Oben: Ein typisches Mauerwerk aus der Zimbabwe-Epoche

Nach dem Tod Mzilikazis 1868 regierte sein Sohn Lobengula (Bild oben) und pflegte zunächst freundschaftliche Kontakte zu den Europäern, die als Jäger, Händler oder Missionare vereinzelt sein Reich besuchten.

An der Südspitze Afrikas breiteten sich die Buren aus, eroberten das Land der Zulu und lösten dort Erbfolgekriege aus. Unter Shaka Zulu überzog die militärisch straff geführte Zulu-Armee das Land mit Plünderungen, Krieg und Chaos. Vor diesem verheerenden Krieg flohen immer mehr Menschen nach Norden und Westen. Unterwegs formierten sie sich zu neuen Einheiten, die Krieg und Plünderung weitertrugen. Auf diese Weise entstanden neue Volksarmeen, die in den nächsten Jahrzehnten über die Shona im Rozwi-Reich hinwegfegten. Zu ihren ersten Opfern zählten ab 1820 die Manyika-Shona im östlichen Bergland. Sie wurden unter der Führung von Soshangane von Sotho-Ngoni-Soldaten unterworfen und 1831 in den neu gegründeten Gaza-Staat eingebunden. Im westlichen Hochland gab es gleich mehrere Invasionswellen. In den 30er Jahren des 19. Jh. wurde das Rozwi-Reich viermal von nordwärts ziehenden Ngoni- und Sothogruppen unter den Herrschern Zwangendaba und Nxaba überrannt und geplündert, konnte die Einfälle aber letztlich überstehen und sein Staatsgefüge behaupten. Erst der Einfall der Ndebele unter König Mzilikazi stürzte die Rozwi-Dynastie 1838/39 endgültig. Die Ndebele ließen sich daraufhin im westlichen Hochland nieder.

Die Europäer greifen nach dem Land

Info Eine Biografie von Cecil Rhodes finden Sie auf S. 14.

Doch dann begannen die Europäer, Afrika unter sich aufzuteilen. Cecil Rhodes, ein Selfmademan und Millionär mit imperialistischen Ideen, wurde 1884 zum Finanzminister der britischen Kapkolonie ernannt. Wenig später erklärte Großbritannien die unabhängigen Batswanastaaten zum Britischen Protektorat. Dann sandte Rhodes Unterhändler an den Hof Lobengulas, die den Analphabeten zur Unterzeichnung eines folgenschweren Vertrags überredeten, der faktisch den mächtigen Ndebelestaat und die ihm tributpflichtigen Shona-Gebiete für ein Almosen an die Briten verschacherte. Ehe der Betrug publik werden konnte, ließ sich Rhodes für seine British South Africa Company (BSAC) ein königliches Privileg verleihen,

Unten: Ein restaurierter Ochsenkarren aus der Zeit der Frühkolonisation in Rhodesien

das ihm das alleinige Recht auf Ausbeutung der Gebiete zwischen Betschuanaland und den portugiesischen Besitzungen zusprach. Das Rad, das nun ins Rollen geriet, war nicht mehr aufzuhalten.

In Juni 1890 verließ eine Wagenkolonne, die sich über 2 km Länge ausdehnte, die Kapkolonie. Sie bestand aus 196 „Pionieren" in 117 Ochsenwagen, allesamt Abenteurer, die Rhodes mit großzügigen Versprechen angeworben hatte. Sie wurde begleitet von einer Handvoll Prospektoren, einer Schutzmannschaft aus 500 BSAC- und Betschuanaland-Protektoratspolizisten und 1000 Mann Fußvolk. Im September 1892 erreichte die Pionierkolonne ihr Ziel im Mashonaland und gründete die spätere Hauptstadt Salisbury (heute Harare). Wenige Monate später übernahm die BSAC die Verwaltung Mashonalands, stellte eine Streitmacht zusammen und zettelte einen Krieg gegen die Ndebele an. Der Feldzug gegen die waffentechnisch deutlich unterlegenen Ndebele führte zur vollständigen Vernichtung des Ndebelestaates mit 15 000 Opfern.

Auf britischer Seite hatten 50 Soldaten im Ndebelekrieg ihr Leben gelassen. Die weißen Siedler konnten dafür ihr Einflussgebiet, das fortan nach Cecil Rhodes „Rhodesien" heißen sollte, verdoppeln.

Erster bewaffneter Volksaufstand (First Chimurenga)

Die wirtschaftliche Entwicklung verlief nun rasant. Während die afrikanische Bevölkerung durch Landraub, Zwangsarbeit, Hüttensteuer und Viehenteignungen völlig verarmte, blühte die weiße Siedlergemeinschaft auf. 1896 brachen Aufstände aus, die das Land in den Ruin zu treiben drohten und erst nach Monaten von 3000 britischen Soldaten niedergeschlagen werden konnten. Nach dem Ende des Volksaufstands förderte die BSAC eine rasche Besiedlung Rhodesiens und überschrieb Neuankömmlingen große Landflächen. Die Eisenbahn verband schon im Folgejahr Bulawayo mit den britischen Besitzungen am Kap. Tausende Siedler, Farmer und Händler zogen jetzt nach Rhodesien, die Ndebele und Shona wurden in abgelegene Reservate ausgegrenzt. 1898/1899 erwarb die BSAC die Gebiete nördlich des Sambesi (heute Zambia) und nannte ihre Kolonien Nord- und Südrhodesien. 1902 siegte Großbritannien im Burenkrieg über die niederländischen Buren. Zu dieser Zeit lebten bereits mehr als 10 000 Siedler in Rhodesien, und nur zwanzig Jahre später, 1930, verfügte die inzwischen auf 52 000 Siedler angestiegene weiße Bevölkerung über den größten Teil der fruchtbaren Landflächen. Zahlreiche diskriminierende Gesetze verfestigten die unterdrückte Lage der Afrikaner. Es war naheliegend, dass sich nach dem Zweiten Weltkrieg auch in dieser Kolonie der aufkeimende afrikanische Nationalismus ausbreiten würde.

Unten: Das Pongo Memorial am Shangani River gedenkt der Siedler, die beim Aufstand starben
Oben: Verwitterte Grabschrift in Fort Rixon

Cecil Rhodes: Portrait einer außergewöhnlichen Persönlichkeit

Der lungenkranke Londoner Jüngling Cecil Rhodes wird 1870 mit 16 Jahren nach Südafrika geschickt, wo er sich auf der Baumwollfarm seines älteren Bruders erholen soll. Gemeinsam verfallen die Brüder dort dem Goldrausch und strömen mit Zehntausend anderen Glücksrittern nach Kimberley. Ihre Claims sind ergiebig. Cecil handelt mit Lebensmitteln, Werkzeug, Büchern und spekuliert erfolgreich an der Börse. Mit 20 Jahren hat Cecil Rhodes finanziell ausgesorgt, doch treibt ihn sein Ehrgeiz zurück nach England, wo er sich mit einem Studium in Oxford den passenden Grundstock für eine politische Laufbahn erwirbt. 1881 kehrt er nach Afrika zurück und wendet sich der Politik zu. Er verursacht schon damals einige Skandale, ohne daran allerdings großen Schaden zu nehmen. So vertuscht er mit dem befreundeten Arzt Dr. Jameson die Pockenepidemie in den Diamantlagern von Kimberley, was Hunderte unnötige Opfer zur Folge hat.

1884 wird der Millionär **Finanzminister der Kapprovinz** und beherrscht ab 1887 weltweit den Diamantenhandel. Zur selben Zeit forciert er seine imperialistischen Pläne zur Ausweitung des britischen Einflussgebiets und plant eine **Bahnlinie vom Kap bis Kairo**.

Mit erschwindelten Verträgen setzt er 1888 den ersten Fuß ins Matabeleland. Ein Jahr später weitet er seinen Einfluss nach Norden aus, indem er dem Lozikönig von Barotseland Schutzverträge gegen die Ndebele aufdrängt. In Nyasaland bietet er der maroden African Lakes Company seine Unterstützung an. Dann folgt der Einmarsch der Pionierkolonne in die spätere Kolonie Rhodesien. Es gelingt ihm sogar, der britischen Krone eine „Royal Charta" abzuschwatzen, obwohl die Königin und Mitarbeiter des Auswärtigen Amtes Rhodes misstrauen. Finanziell verausgabt er sich zwar mit der Eroberung Mashonalands, dafür steht er jetzt auf dem Höhepunkt seiner Macht. Rhodes regiert über ein 1 143 000 km^2 großes Gebiet, fünfmal so groß wie sein Heimatland. Den Überfall auf das Matabeleland plant Rhodes von langer Hand und verkauft den Gewaltakt im heimatlichen empörten England als Akt der Notwehr. Er versteht es, die Presse für sich einzunehmen und bestimmt so die öffentliche Meinung. Nach der Vernichtung des Ndebelestaates lässt sich Cecil Rhodes als Held und Imperator feiern. Südlich und nördlich des Sambesi installiert er die BSAC-Verwaltung, riesige Gebiete werden von nun an zielstrebig zwangskolonisiert.

Doch dann wendet sich das Blatt: Vom Erfolg verwöhnt verliert er den Sinn für die Realität und heckt den abstrusen Plan aus, mit einem Blitzüberfall unter Dr. Jamesons Kommando den Burenstaat unter Paul Krüger zu annektieren. Doch diesmal entgleiten ihm die Zügel. Der Plan sickert durch, der Überfall misslingt und Dr. Jameson wird verhaftet. Der Fall ist ein **internationaler Skandal**, eine Blamage für Großbritannien und der Ruin für Cecil Rhodes, der alle politischen Ämter niederlegen muss. Als politisch geächteter Privatmann, der von der Macht und dem Schicksalspielen nicht lassen kann, engagiert er sich anschließend im Matabeleaufstand in Südrhodesien. In den Matobobergen handelt er mit den aufständischen Ndebele einen **Friedensvertrag** aus und verschafft sich dabei den Ruf eines mutigen Friedensstifters. Es ist das erste Mal in seinem Leben, dass er etwas wirklich Gutes tut. Nicht, dass er nach seinen Rückschlägen etwa geläutert wäre – sein Engagement für den Frieden deckt sich nur zufällig mit seinen Privatinteressen, denn der BSAC droht der finanzielle Ruin, je länger der Aufstand andauert. Nebenbei bereichert er sich bei den Verhandlungen geschickt und nennt anschließend in Rhodesien riesige Ländereien sein Eigen. Eine charakterliche Wendung bleibt dagegen aus und den Shona-Aufstand lässt er anschließend brutal und rücksichtslos niederschlagen.

Gesundheitlich ist Cecil Rhodes nach den turbulenten 1890er Jahren schwer angeschlagen. Geistig ist er fit und voller Elan, doch sein Körper verfällt von Tag zu Tag, und am 26. März 1902 stirbt er mit nur 48 Jahren.

Vieles an Cecil Rhodes' Persönlichkeit bleibt unverständlich, so z. B. seine Einstellung zu Frauen. Das weibliche Geschlecht schien für ihn nie zu existieren. Niemals ließ er sich auf Affären oder Bekanntschaften ein, nur jugendliche Männer durften in seinem Haushalt arbeiten, und verheirateten Genossen blieb die Karriere bei Rhodes automatisch verwehrt. Er selbst wendete nie rohe Gewalt an und galt sogar als wehleidig, während er skrupellos Tausende Menschen seinen ehrgeizigen Zielen opferte. Er glaubte an Ehre und Moral, und verriet doch seinen engsten Freund Dr. Jameson nach dem „Jameson Raid", wie der missglückte Überfall auf den Burenstaat genannt wird. Er war einer der reichsten Männer seiner Zeit, und trotzdem schien Geld für ihn immer nur das Mittel zum Zweck zu sein. Rhodes mobilisierte die Massen, liebte es, im Rampenlicht zu stehen, und hatte zeitlebens doch nur sehr wenige Vertraute. Er betrog die Ndebele, missbrauchte ihr Vertrauen und kolonisierte sie gewaltsam, und dennoch wurde er nach seinem Tode von ihnen verehrt. Trotz der vielen kontroversen historischen Fakten, die heute im Zusammenhang mit Cecil Rhodes bekannt sind, wird sein Ansehen international hochgehalten – nicht nur im südlichen Afrika.

Rechts: Sein Grab in den Matobobergen

Politisches Erwachen der schwarzen Bevölkerung

In den britischen Kolonien brodelte es. Überall forderten die Schwarzen Mitbestimmung und Gleichberechtigung. Um die Region politisch zu stabilisieren, vereinigte Großbritannien 1953 auf Drängen der weißen Siedler und gegen den Willen der Afrikaner die drei Kolonien Njassaland, Nord- und Südrhodesien zur Zentralafrikanischen Föderation. Die Afrikaner gründeten erste politische Parteien, die schnell verboten wurden, und Nachfolgeparteien, die meistens auch bald wieder polizeilich verfolgt wurden. Zahlreiche politische Aktivisten wurden verhaftet, manche gingen ins Exil, andere riefen zu Boykotten auf, und die britische Regierung versuchte von London aus, das Schlimmste zu verhindern. Die Zentralafrikanische Föderation brach zum Jahreswechsel 1963/64 auseinander. Nordrhodesien und Njassaland wurden von Großbritannien in die Unabhängigkeit entlassen (als die Republiken Zambia und Malawi), Südrhodesien dagegen zur Kronkolonie zurückgestuft, denn Großbritannien forderte eine afrikanische Regierungsbeteiligung als Voraussetzung für die künftige Unabhängigkeit. Dazu waren die Weißen unter dem Einfluss radikaler Rechtskonservativer allerdings nicht bereit. Im Oktober 1965 erklärte sich die Kolonie Südrhodesien einseitig unabhängig vom britischen Mutterland. Völkerrechtlich war dies eine offene Rebellion, isolierte den Staat und führte international zu Wirtschaftssanktionen. Ein halbes Jahr später brach zudem der zweite bewaffnete Befreiungskampf (Second Chimurenga) aus.

Unten: Nach dem Zweiten Weltkrieg warb die Kolonie verstärkt um Zuwanderer aus Europa

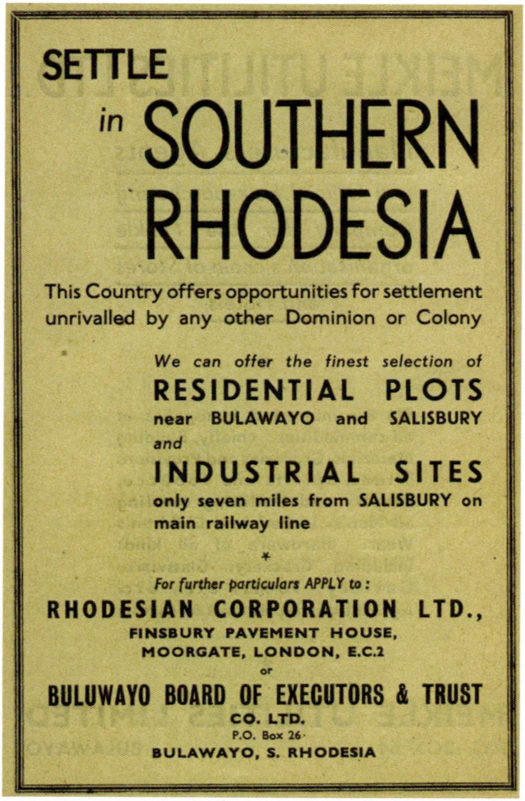

Die Jahre des Bürgerkriegs

Was mit vereinzelten Guerillaaktionen und nächtlichen Terroranschlägen in den Randgebieten der Kolonie begann, weitete sich in den 1970er Jahren kontinuierlich zum Bürgerkrieg aus, der auch die Zivilbevölkerung immer mehr involvierte. Die Aufständischen zwangen Tausende Frauen und Kinder, ihnen als Spione zur Nachrichtenübermittlung und bei der Nahrungsmittelversorgung zu dienen. Die rhodesischen Streitkräfte wiederum gingen brutal gegen vermeintliche Sympathisanten der Aufständischen vor. Am Ende kämpften 35 000 Afrikaner im Untergrund, waren Tausende Zivilisten in Lagern zwangsverschleppt und fast 150 000 Menschen auf der Flucht. Erst auf diesem Tiefpunkt gelang es 1979, in London einen Waffenstillstand und den Übergang zu freien Wahlen auszuhandeln. Diese fanden Ende Februar 1980 statt. Der überragende Sieg ging an den sozialistischen Rebellenführer und Freiheitskämpfer Robert Mugabe und seine Partei. Mit bangen Gefühlen und großen Sorgen erlebten die weißen Rhodesier im April 1980 die Ausrufung der unabhängigen Republik Zimbabwe.

Oben: Das Heldendenkmal in Harare ließ Präsident Mugabe von Nordkoreanern errichten. Es zeigt den entschlossenen Unabhängigkeitskampf gegen die weiße Herrschaft.

Unten: Das im ganzen Land verbreitete und beliebte Chibuku-Bier besteht aus Mais oder Sorghum-Hirse.

Links: Landminen, wie hier in den Eastern Highlands, sind eines der größten Übel in afrikanischen Konflikten.

Oben: Das Stadtwappen der Hauptstadt und die stolze Fahne Zimbabwes. Unten: Namengeber des jungen Staates sind die Vogelplastiken von Great Zimbabwe

Mugabe will die Macht nicht abgeben und stürzt den blühenden Staat in eine verheerende Krise.

Die unabhängige Republik

Zunächst kam vieles anders, als die Weißen befürchtet hatten. Premierminister Mugabe reichte den Europäern in seinem Land die Hand zur Versöhnung. Zum Amtsantritt überraschte er alle mit den Worten: "Wenn ich Euch gestern als Feind bekämpft habe, so habt Ihr mich heute als Freund. Wenn Ihr mich gestern gehasst habt, so könnt Ihr heute nicht die Liebe ausschlagen, die Euch an mich und mich an Euch bindet." Die Schrecken während des zweiten Chimurenga sollten Vergangenheit bleiben, statt Sühne sollte eine gemeinsame Zukunft aufgebaut werden. Mugabe ernannte zwei weiße Minister für Landwirtschaft, Handel und Industrie. Die ausgehandelte Verfassung gewährte den Weißen (3% der Bevölkerung) eine ganze Reihe von Garantien, wie z. B. für sieben Jahre 20 der 100 Parlamentssitze, ehe sie durch Mehrheitsbeschluss abgewählt werden konnten. Für Verfassungsänderungen sollte eine zehnjährige Sperrminorität bestehen. Auch eine Änderung des Bodenrechts, sprich die notwendige gerechtere Verteilung von Farmland, sollte frühestens nach zehn Jahren möglich werden. Damit erhielten die weißen Farmer zunächst einen zeitlichen Aufschub.

Das Jahr 1987 brachte dann viele Veränderungen. Der politische Einfluss der weißen Rhodesier verringerte sich beträchtlich, als ihre verfassungsmäßige 7-jährige Reservierung von 20 Parlamentssitzen auslief. Mugabe änderte nun die Verfassung zu seinen Gunsten und regierte fortan autokratisch und mit eiserner Hand. Doch sein Rückhalt in der Bevölkerung sank zusehends, weil er sich mit seinem Regierungsstil immer weiter von seinem Volk entfremdete. Um einer drohenden Wahlniederlage zu entgehen, spielte der Premierminister zur Jahrtausendwende seinen größten Trumpf, die längst überfällige Landfrage, aus dem Ärmel. Er entfesselte Jugendgangs, die sich als „Kriegsveteranen" ausgaben und im ganzen Land gewaltsam weiße Farmen besetzten. Unter diesem Gewaltpotenzial begann die Zwangsenteignung des weißen Farmlands. Von ehemals 5000 Farmen blieben kaum 200 in weißen Händen, alle anderen wurden zwangsenteignet oder zerschlagen. Der Exodus der

Farmer führte zum wirtschaftlichen Zusammenbruch des einstigen „Brotkorbs" Afrikas. Soziale Unruhen waren die Folge, denen Mugabe mit drastischen Maßnahmen begegnete. Die Pressefreiheit wurde aufgekündigt, der Rechtsstaat ausgehebelt, die Opposition ausgeschaltet. Wahlen gerieten immer mehr zur Farce, international isolierte sich Mugabe, fand jedoch mit seinem anti-weißen Führungsstil auch viele Anhänger in Afrika. Oppositionsführer Morgan Tsvangirai von der MDC errang bei Wahlen trotz aller Manipulationen stetig größeren Zulauf. Unter dem Druck des Auslands und um einen drohenden Bürgerkrieg zu verhindern, rangen sich Mugabes Regierungspartei und die Oppositionspartei MDC im Februar 2009 zu einer gemeinsamen Regierungsbildung und Machtteilung durch. Die Landeswährung Zimbabwe-Dollar wurde angesichts einer Hyperinflation von zuletzt über 230 Millionen Prozent (!) aus dem Verkehr gezogen. Dadurch stabilisierte sich das Wirtschaftsleben, das Warenangebot in den Geschäften verbesserte sich schlagartig und auch die Treibstoffsituation entspannte sich deutlich. Dennoch kam das Land nicht aus der Talfahrt. Auch die Wahlen 2013 überstand Mugabe. Der mehr als 90jährige Greis versuchte danach, seine Frau als Nachfolgerin aufzubauen, was zu einem Militärputsch im November 2017 führte. Mugabe wurde zum Rücktritt gezwungen und sein enger Weggefährte Emmerson Mnangagwa schon wenige Tage danach als neuer Präsident vereidigt. Er öffnete das Land wirschaftlich; doch demokratische Reformen blieben aus. Der Tourismus ist ein Hoffnungsträger für die wirtschaftliche Regenerierung. An den Viktoriafällen, dem touristischen Nadelöhr der Region, scheint das auch zu gelingen.

Info 2009 geht eine Meldung durch die deutsche Presse: Zimbabwes Sportminister beklagt sich über Fußballfans, die den 430 000 Euro teuren Rasen des Nationalstadions ruinierten, indem sie dort tausende Glücksbringer und Amulette, Muti genannt, in der Erde vergrüben.

Unten: Ausufernde Inflation: Die Landesbank ließ bis 2008 Inhaberschecks drucken mit Werten, die in die Billionen und Billarden Zimbabwe-Dollar gingen.

Die Menschen in Zimbabwe

Info Viele Ndebele haben von Geburt an ein Totem, das sie als persönlichen Schutzgeist und Familienabzeichen betrachten. Es handelt sich dabei fast immer um Tiere. Weil der Totem zugleich den Familien-namen vorgibt, haben viele Ndebele Tiernamen als Nachnamen. Häufig sind z. B. Ndlovu (Elefant), Nkala (Büffel), Shumba (Löwe), Ncube (Pavian) und Ngwenya (Krokodil). Ihr Totemtier dürfen die betroffenen Personen keinesfalls töten und essen; das wäre ein schrecklicher Tabubruch und würde viel Unheil heraufbeschwören.

Die stärkste Volksgemeinschaft des Landes bilden mit 82 % die **Shona**, eine Gemeinschaft ursprünglich unabhängiger und nur lose verwandter Bantu-Kleingruppen. Die Ndebele und später auch die Briten betrachteten die Shona-Volksgruppen als kulturelle Einheit. Im Selbstverständnis der Shona bilden sie erst seit dem 20 Jh. eine kulturelle Einheit, in der weiterhin unterschiedliche Dialekte und kulturelle Besonderheiten zwischen den verschiedenen Gruppen wie Kalanga, Korekore, Ndau und Manyika stark ausgeprägt sind. Traditionell betreiben die Shona gemischten Ackerbau mit Viehzucht und zeichnen sich besonders durch kunsthandwerkliche und musische Begabung aus. Shona leben vor allem im zentralen Hochland und den östlichen Landesteilen.

Zweitgrößte Ethnie sind die **Ndebele**. Sie machen etwa 14 % der Gesamtbevölkerung des Landes aus und bevölkern seit ihrem Feldzug in den 1830er Jahren hauptsächlich die südwestlichen Landesteile, Matabeleland Nord und Süd. König Mzilikazi und seine kampferprobten Soldaten brachten aus dem Zululand moderne Kriegstechniken und Waffen mit, wodurch sie ihren neuen Nachbarn gegenüber überlegen waren. Kurz vor der Ankunft der ersten Europäer auf dem heutigen Staatsgebiet Zimbabwes hatten die Ndebele einen machtvollen, zentral regierten Staat geschaffen. Dennoch waren die Ndebele keineswegs die gottlosen, brutalen Barbaren, als die sie die ersten europäischen Berichterstatter beschrieben. Die Ausmalung von Ndebele-Greueltaten diente vielmehr der moralischen Rechtfertigung für eine rücksichtslose Kolonialpolitik.

Zwei Prozent der Gesamtbevölkerung bilden **afrikanische Minderheiten** wie Tonga, Sotho, Hlengwe und Vendao, die meist in grenznahen Randgebieten siedeln. Die Tonga bilden die größte ethnische Minderheit, sie besiedeln schon seit der Eisenzeit Flussniederungen wie den Sambesi und den Limpopo. Der Anteil der **Europäer** an der Gesamtbevölkerung sank von knapp 5 % vor der Unabhängigkeit auf unter 1 %. Drei Viertel der Europäer leben in den zentralen und östlichen Städten des Landes. Geringfügig höher fällt jeweils die Anzahl der **Farbigen** (Mischlinge aus weiß-schwarzen Beziehungen) und der **Asiaten** aus, von denen die meisten indischer Herkunft sind.

Die Tonga – ein zwangsweise umgesiedeltes Volk am Karibasee

Das kleine Volk siedelte seit Jahrhunderten im Sambesital und verstand es, in Einklang mit der Natur durch Fischfang und Jagd in dieser trockenen, unwirtlichen Region zu überleben. Ihre Kultur war voller geheimer Bräuche und Riten. Den mächtigen Sambesi mit seinen jahreszeitlichen Schwankungen verehrten sie als zentrale Lebensader. Als der Strom in den 1950er Jahren zum Karibasee gestaut wurde, reagierten die Tonga mit Unglauben. Der Aufforderung zur Umsiedlung in das trockene Hinterland widersetzten sie sich vehement. Die Regierungen von Nord- und Südrhodesien versuchten die Tonga umzustimmen, indem ihnen Schulen, Krankenhäuser und Brunnen versprochen wurden. Doch die Erkenntnis, durch den riesigen Stausee für immer von den Freunden und Verwandten am gegenüberliegenden Ufer getrennt zu werden, verstörte die Tonga. Sie weigerten sich, das Staubecken zu verlassen. Schließlich wiesen die Kolonialherren den betroffenen Dörfern am Fluss einfach neues Land zu und begannen mit der Zwangsumsiedlung von 57 000 Menschen. Diese Umsiedlung verlief für die meisten Tonga traumatisch. Sie wurden mit ihrem Hab und Gut auf Lkws verladen und in das karge Hinterland verfrachtet.

Verzweifelt versuchten viele Tonga, die Verbindung zu den Ahnen, die nach ihrem Glauben in den alten Bäumen am Sambesi ruhten, dadurch aufrechtzuerhalten, dass sie große Zweige dieser Bäume abhackten und in die neue Heimat mitnahmen, ehe diese Bäume dann für immer unter dem Sambesiwasser versanken.

Bilder: Ältere Frauen rauchen auch heute noch vereinzelt die aus einer Kalebasse gefertigte Tonga-Pfeife.

Tonga-Trommeln sind ausgesprochen kunstvoll verziert. Früher wurden sie in vielen Dörfern entlang der Binga Road zum Kauf angeboten, doch heute sind sie selten geworden

Kunst und Kunsthandwerk

Das Rohmaterial traditionellen Kunsthandwerks bilden natürliche, meist pflanzliche Produkte. Heutzutage werden auch moderne Abfallprodukte wie Gummi und Draht phantasievoll eingebunden. Traditionell arbeiten Männer mit Holz, Stein und Metall, Frauen dagegen mit Ton, Stoff und Schilf. Getöpfert wird meist noch in jahrtausendealter Tradition ohne Töpferscheibe und Brennofen. Die Korbwaren sind regional sehr unterschiedlich, zeichnen sich aber immer durch eine bemerkenswerte Stabilität aus. Als Material dienen eingeweichte und gekochte Palmgräser und Schilfrohr. Unterschiedliche Färbung erhalten die Gräser durch einen Sud aus Wurzeln, Pilzen, Blut, Kuhdung oder Lehm. Das Flechten ist eine reine Frauentätigkeit. Muster entstehen durch die Verwendung unterschiedlich gefärbter Gräser. Insbesondere die künstlerische Ausdruckskraft der Shona hat in verschiedenen Bereichen eigene Stilrichtungen hervorgebracht. Hier ist neben der Malerei vor allem die Steinbildhauerei zu nennen.

Shona-Steinskulpturen

Die moderne Steinbildhauerei der Shona wird heute zu den weltweit besten Bildhauerstilen gerechnet. Dabei existiert diese Kunstform erst seit den 1960er Jahren. 1962 eröffnete die erste Bildhauerwerkstatt in der National Gallery von Harare, vier Jahre später gründete Tom Blomefield das Künstlerdorf Tengenenge. An diesen Stätten reiften die bildhauerischen Fähigkeiten der Künstler, die zuerst mit unterschiedlichen Materialien arbeiteten, sich aber sehr bald dem Serpentin- und Granitgestein verschrieben. Das künstlerische Talent der Steinbildhauer war beachtlich; Männer wie Henry Munyaradzi, Bernard Matemera, Boira Meteki, Nicholas Mukomberanwa und die Künstlerfamilie Takawira schufen in Kürze einen ausdrucksstarken Steinkunststil, der weltweite Beachtung fand. Die Motive der Kunstwerke bilden häufig stilisierte Gesichter, verschlungene Mensch-Tier-Figuren und Fabelwesen. Immer stehen die dargestellten Figuren in einer speziellen Beziehung zueinander, oft tragen die Werke auch hintergründige Titel. Stilistisch sind alle Ausdrucksformen von naiv bis surrealistisch möglich; naturalistisch wird allerdings seltener dargestellt.

Dem Touristen begegnen Steinskulpturen in Victoria Falls quasi auf Schritt und Tritt. Mehrere Galerien und zahlreiche Anbieter auf dem offenen Straßenmarkt offerieren dem Reisenden eine umfangreiche Auswahl origineller Skulpturen in jeder Größe und Ausführung. Die Qualität ist dabei recht unterschiedlich, denn viele Trittbrettfahrer haben sich an den Ruhm der berühmten Skulpturenbild-hauer angehängt und überschwemmen nun den Markt mit eher mittelmäßigen Figuren.

Klima in Victoria Falls												
Monat	Jan	Feb	Mar	Apr	Mai	Jun	Jul	Aug	Sep	Okt	Nov	Dez
Temperatur ~ max	29	29	29	28	27	24	25	27	31	33	31	29
Sonnenstd.	7	8	8	9	9	9	10	10	10	8	8	6
Temperatur ~ min	18	18	17	14	10	6	6	9	13	18	18	18
Regentage	15	13	7	2	1	1	0	1	1	4	4	14

Man unterschiedet vier Jahreszeiten:

Der trockene, sonnige Winter herrscht von Ende Mai bis August. Die Tagestemperaturen erreichen angenehme 24-29° C, nachts kann die Temperatur unter 10 Grad absinken. Daran schließt sich die noch trockene, warme Jahreszeit zwischen September und November an, in der Tagestemperaturen im Oktober auf bis über 40°C ansteigen können. Im Laufe des November kündigt sich die sommerliche Regenzeit mit heftigen Gewittern und länger anhaltenden Regengüssen an. Klimatisch ist diese Jahreszeit besonders starken Temperaturschwankungen ausgesetzt, so regnet es manchmal tagelang, und bleibt anschließend auch wieder eine längere Zeit sonnig und freundlich. Die Temperaturen pendeln in dieser Zeit zwischen 17 Grad (nachts) und 28-36 Grad tagsüber, die Luftfeuchtigkeit ist hoch. Die Monate April und Mai entsprechen einem kurzen Herbst, mit wenig Regen und stetig absinkenden Temperaturen.

Klima

Die Viktoriafälle liegen auf 915 Höhenmeter in einem Gebiet mit wechselfeuchtem subtropischen Kontinentalklima. Zwischen April und September herrscht hier eine nahezu ganz regenlose Trockenperiode, die als „Südlicher Winter" bezeichnet wird und der die „Sommerliche Regenzeit" ab Oktober/November folgt. Der Südostpassat ist für die Regenfälle verantwortlich; und die Jahresniederschläge an den Viktoriafällen liegen durchschnittlich bei 650-700 mm. Das Land gilt als relativ dürreanfällig. Die Jahresdurchschnittstemperaturen liegen bei 15 ° C, die Sonnenstunden im Jahresmittel bei acht Stunden täglich.

Info In der Stadt Livingstone liegen die Tagestemperaturen durchschnittlich um 1 Grad höher als in Victoria Falls. Die zambische Stadt erhält mit 77 Regentagen im Jahr auch deutlich mehr Niederschlag als Victoria Falls mit durchschnittlich nur 63 Regentagen.

Reisezeit

Die Viktoriafälle sind im April und Mai am gewaltigsten, aber wegen der unglaublichen Gischt dann auch kaum zu sehen. Juli und August gewähren dagegen gute Sicht auf zumeist tosende Wasserfälle.

Die trockenen Monate direkt nach der Regenzeit (April/ Mai bis August) eignen sich wegen der angenehmen Tagestemperaturen hervorragend für Rundreisen und Wanderungen. Safaris und Tierbeobachtungen werden allerdings zum Ende der Trockenzeit, in den heißen Monaten September bis November, immer spektakulärer. Denn die Wildtiere sammeln sich jetzt um die letzten verbliebenen Wasserlöcher und kommen auch näher an die Camps heran.

Ab November treiben die Bäume wieder und geben der ausgedörrten Landschaft frische Farbe. Die Viktoriafälle haben jetzt allerdings nur wenig Wasser. Die Regenzeit zwischen Dezember und März schränkt das Reisen in manchen Regionen ein, so schließen z. B. einige Nationalparks in dieser Zeit je nach Straßenzustand ihre Pforten. Andererseits sind Februar, März und April Monate mit geradezu atemberaubender tropischer Fülle und Pracht. Zu Ostern und Weihnachten herrscht wegen der regionalen Ferien Hochsaison.

Bilder unten: Die Viktoriafälle zu unterschiedlichen Jahreszeiten

Der Sambesi

Mit 2700 km Länge ist der Sambesi der bedeutendste Strom im südlichen Afrika und der viertlängste des Kontinents. Sanft und gemächlich legt der Sambesi von seiner unscheinbaren Quelle im äußersten Nordwesten Zambias bis zu den Viktoriafällen 1440 km Strecke zurück. Als unscheinbarer Bach windet er sich von der „Lundaschwelle" im kongolesischen Grenzgebiet durch subtropische Wälder und fließt schon nach wenigen Kilometern ins westliche Nachbarland Angola. Auf seinem Weg durch das angolanische Bergland führen ihm zahlreiche Zuläufe Wasser zu, ehe er dann wieder nach Zambia zurückkehrt.

Breit strömt er nun südwärts den Barotseflutebenen im Land der Lozi entgegen. In diesen weiten Ebenen schwillt der Sambesi alljährlich bei Hochwasser zu einem gigantischen, 50 km breiten See an. Danach gelangt der Strom zu den Caprivi-Sümpfen, vereint sich dort mit dem Chobe River und strömt bis drei Kilometer vor den Viktoriafällen gemächlich in östlicher Richtung. Dann knickt er plötzlich nach Süden ab und gewinnt merklich an Geschwindigkeit. Über viele Stromschnellen rauscht er der scharfen Abbruchkante entgegen. Ohne Vorankündigung und wie ein Vorhang stürzen die Wassermassen schließlich über 100 m senkrecht in die schmale Schlucht. Brodelnd wirbelt das Wasser hoch, steigt als riesige Wolke in den Himmel und regnet als feiner Sprühregen wieder ab. Tief im schmalen Spalt sammeln sich die tosenden Wassermengen wieder. Nun zwängt sich der Sambesi mit immenser Kraft im Zickzackkurs durch steile, schmale Schluchten, erhält durch den Songwe-Zufluss neue Wassermengen und bricht im weiteren Verlauf durch die Batokaschlucht. Dabei verliert er rapide 260 Höhenmeter, während beiderseits die Felswände immer steiler und höher ragen. Er überwindet 60 Stromschnellen, bis er nach 100 km das Gwembe Valley erreicht und nach der Devil's Gorge in den aufgestauten 5230 km² großen Karibasee mündet (der See ist zehnmal größer als der Bodensee). Die Seeoberfläche hat eine Länge von 280 km bis zur Staumauer in Kariba. Danach zwängt sich der Fluss wieder in sein natürliches Bett im mittleren Sambesital. Hier liegen legendäre Safarigebiete und die von hohen Felsen gesäumte Mupataschlucht, ehe der Fluss nach 260 Flusskilometern nach Mosambik gelangt und dem nächsten gewaltigen Stausee zuströmt, dem 2660 km² großen Cahora-Bassa-See. Nach 270 km liegt in Songo die Staumauer, anschließend fließt der mächtige Strom ohne weitere Hindernisse durch das heiße, trockene Tiefland dem Indischen Ozean entgegen. Das riesige Sambesidelta erreicht eine Ausdehnung von 1 330 000 km² und erstreckt sich über 120 km Küstenlinie. Diese drittgrößte Drainage Afrikas bildet einen eigenständigen Naturraum.

Die Viktoriafälle, ein Touristenmagnet

Info Der durchschnittliche Aufenthalt der Touristen beträgt nur zwei Nächte, und während dieser Zeit erwartet die Besucher ein breites Angebot zum aktiven Zeitvertreib. Professionell hat sich Victoria Falls dem Aktiv- und Unterhaltungstourismus verschrieben. Hotelanlagen, Souvenirläden, Galerien und Reiseagenturen dominieren im Ortszentrum. Bei genauerem Hinsehen entdeckt man in der Kleinstadt zahlreiche koloniale Gebäude, romantische Aussichtsplätze am Sambesiufer und eine vielfältige Tierwelt, die trotz all der Besucherströme in Victoria Falls ausharrt.

Als „Mosi-oa-Tunya" („Donnernder Rauch") hatten die ansässigen Kololo diese gewaltigen Wasserfälle bezeichnet, ehe David Livingstone sie zu Ehren seiner Königin Viktoriafälle taufte. Die Gelehrten streiten zwar darüber, welche die größten Wasserfälle der Welt sind, und je nach Kriterium – Wassermenge, Einzelfälle, Breite oder Tiefe – kommt man auch zu unterschiedlichen Ergebnissen. Ein Superlativ gehört den Viktoriafällen aber sicher: Sie sind der breiteste einheitlich herabstürzende Wasserfall der Welt.

Die Viktoriafälle brechen jäh in eine 1688 m breite Basaltspalte mit einer maximalen Falltiefe von 108 m und sind somit doppelt so hoch wie die Niagarafälle und anderthalb Mal so breit. Neben diesen beachtenswerten Ausmaßen bestechen die Fälle auch durch ihre außergewöhnliche Formation. Vor den Augen des Betrachters verschwinden die Wassermassen förmlich in der brodelnden Tiefe einer quer zum Fluss verlaufenden Bodenspalte. Bei Hochwasser entfesselt sich hier ein tobender Hexenkessel in einem unglaublichen Spektakel aus Gischt, Getöse und ungebändigter Naturgewalt. 10 000 Liter Wasser kippen dann in jeder Sekunde über die Felskante in den Abgrund und bilden einen tosenden, auf der Welt einmaligen Wasservorhang. Der alte Kololo-Name hätte das Naturschauspiel nicht treffender beschreiben können!

Der Entdeckungsreisende und Afrikaforscher David Livingstone gelangte im November 1855 erstmals an die Viktoriafälle und machte damit ein bisher völlig unbekanntes Gebiet im Innern Afrikas weltberühmt. Die unwirtliche, malaria- und tsetseverseuchte Region galt damals als nur hartgesottenen, mutigen Abenteurern und Großwildjägern zumutbar. Doch schon 21 Jahre später setzte der „internationale Tourismus“ ein, als der Händler Harry Ware in einer Londoner Zeitung für Jagd- und Sightseeing-Touren zu den Fällen warb. Um die Jahrhundertwende ließen sich schließlich die ersten europäischen Siedler an der Furt „Old Drift“ nahe der Fälle nieder, an der die Jäger, Missionare und Händler über den Sambesi gelangten. Mit dem Bahnbau von Bulawayo nach Norden wurde für die Bahnarbeiter am Südufer eine kleine Siedlung gegründet, die sich schnell vergrößerte, als im Juni 1904 die Schienenstrecke eröffnet wurde. Die Eisenbahnbrücke über den Sambesi folgte im nächsten Jahr, und das Victoria Falls Hotel eröffnete 1906. Die kleine Siedlung, noch immer kaum mehr als eine einsame Bahnstation, wuchs in den nächsten Jahrzehnten zur gemütlichen Ortschaft heran. Eine industrielle Entwicklung hat niemals stattgefunden, vielmehr blickt Victoria Falls auf ein Jahrhundert der touristischen Entfaltung zurück, mit zahlreichen Höhen und Tiefen, bedingt durch die politischen Prozesse in Zimbabwe. 155 Jahre nach der Entdeckung der spektakulärsten Wasserfälle Afrikas liegt hier nicht nur die meistbesuchte Sehenswürdigkeit des Landes; Victoria Falls ist zusammen mit seinen umliegenden Safarigebieten regelrecht zum Nadelöhr des Tourismus geworden. Besucher aus aller Welt verbringen hier zumindest ein paar Tage in Verbindung mit Safaris im südlichen Afrika.

Bilder unten: Älteres Werbeplakat; Einkaufszentrum in Victoria Falls und der Aussichtspunkt auf zambischer Seite

Obwohl Victoria Falls für rund 8000 Menschen konzipiert war, leben hier inzwischen mehr als 25 000 Menschen, von denen die allermeisten im Tourismussektor beschäftigt oder direkt davon abhängig sind. Dass dies nicht spur- und problemlos von der überlasteten Umwelt aufgefangen werden kann, ist naheliegend. Es sind immense Anstrengungen nötig, um in einem verarmten, wirtschaftlich desolaten Staat eine solche Gastronomie und Hotellerie aufrecht zu erhalten, wie sie der Reisende in Victoria Falls genießen kann. Das Ungleichgewicht zwischen Armut und Reichtum wird hier sehr deutlich, wo Touristen für eine Übernachtung oder einen Wildwassertrip oft mehr ausgeben, als die Hotelangestellten im Monat verdienen.

Kurioses und Wissenswertes

zur historischen Entwicklung an den Fällen

Das in jeder Richtung mindestens 1000 km von den Küsten Afrikas entfernte, tief im Herzen des Kontinents liegende Gebiet von der Quelle des Sambesi bis zu den Viktoriafällen war bis zur Mitte des 19. Jahrhunderts ein ziemlich weißer Fleck auf den europäischen Landkarten. Zwar hatten sich die Briten, Portugiesen, Buren und Franzosen längst an den unterschiedlichsten Küsten niedergelassen und trieben eifrig Handel mit den Völkern im Innern Afrikas, doch geschah dies durch arabische Mittelsmänner oder afrikanischen Kleinhandel. Wirtschaftliche oder wissenschaftliche Forscher-Interessen erwachten erst spät, und die Region blieb von den Vorgängen im Rest der Welt weitgehend abgeschottet.

Als Dr. Livingstone 1855 erstmals an den Sambesi gelangte, herrschten die Kololo über diese Region, ein Sotho-Volk aus dem Süden Afrikas, das ansässige Tongavölker wie Toka und Leya unterjochte. Nach Norden schloss sich das stolze Lozi-Königreich mit Sitz in Lealui an. Es gab damals also drei Machtblöcke: Die Ndebele südlich der Fälle (im Raum Bulawayo), die Kololo, Leya und Toka direkt an den Fällen, und die Lozi weiter im Norden in den Barotseflutebenen des Sambesi.

Oben: David Livingstones erste Skizze von den Viktoriafällen

Mitte des 19. Jahrhunderts erhöhte sich der Bevölkerungsdruck an der Südspitze Afrikas, wodurch Buren und Briten stärker nach Norden vordrangen und dort ihre Einflussgebiete abzustecken versuchten. Bereits um 1840 tauchten im britischen Teil Südafrikas afrikanische Jäger auf, die von einem „Donnernden Rauch" im Norden erzählten, aber wenig Beachtung fanden. 1851 erreichten David Livingstone und William Cotton Oswell den Sambesi auf Höhe der Kleinstadt Sesheke, wo auch sie von den Wasserfällen hörten, aber keine Erkundungsfahrt unternahmen.

Livingstones Reise an die Viktoriafälle

Als David Livingstone im November 1855 schließlich gezielt zur Erkundung der Fälle aufbrach, wurde er von rund 200 Afrikanern und dem Kololo-Chief Sekeletu begleitet. Er verbrachte eine Nacht auf Kalai Island und ließ sich dann in einem Kanu bis zur Insel „Livingstone Island" direkt an der Fallkante bringen. Der Missionar mit dem Entdeckervirus war zutiefst angetan und begeistert. In seinem Tagebuch versuchte er die Eindrücke zu beschreiben: „It had never been seen before by European eyes; but scenes so lovely must have been gazed upon by angels in their flight" und „the most wonderful sight I had witnessed in Africa". Es schien ihm angebracht, diesem Spektakel, das die Afrikaner „Mosi oa Tunya" (der „Donnernde Rauch") nennen, zu Ehren seiner Königin einen neuen Namen zu geben. Dann entschloss er sich noch zu einer ungewöhnlichen Tat: Er legte direkt vor der Fallkante, auf Livingstone Island, einen Obstgarten mit Aprikosen, Pfirsichen und Kaffeesetzlingen an und gab den Einheimischen den Auftrag, diesen wegen der Flusspferde zu umzäunen.

Wie alt ist der Tourismus an den Viktoriafällen? Ein gewisser Harry Ware warb bereits 1876 in einer Londoner Zeitung für seine Jagd- und Sightseeing-Touren dorthin. Zu einer Zeit, in der es noch keine einzige europäische Siedlung in der Region gab, lange bevor die BSAC die ersten Verträge schloss.

Erste Besucher

Nach seiner Rückkehr in England wurden David Livingstones Entdeckungen rasch berühmt. Es dauerte dennoch fünf Jahre, ehe wieder Europäer an die Viktoriafälle reisen sollten.

Oben: Durch die Zeichnungen von Thomas Baines wurden die Fälle schon im 19. Jh. weltberühmt

Zeitgleich mit Dr. Livingstones zweitem und letztem Besuch 1860 tauchte dort der Großwildjäger William Baldwin auf. Diesmal wurden erste Messungen, Zeichnungen und Erkundungen beider Ufergebiete unternommen. 1862 unternahmen James Chapman und Thomas Baines eine Expedition, die sie auch zu den Viktoriafällen führte. Zu diesem Zeitpunkt war Livingstones kleiner Gemüsegarten auf Livingstone Island bereits überwuchert und von Hippos zertrampelt worden. Thomas Baines war ein talentierter Naturmaler und zeichnete damals die ersten und bis heute berühmtesten Ansichten von den Fällen. Als erste weiße weibliche Person, die ebenfalls 1862 die Fälle sah, ist Mrs. Reader überliefert, die Frau eines Händlers.

Der Entdeckungsreisende Emil Holub, 1881: "Dies ist wahrhaftig ein Ort, an dem einem Mann seine eigene Bedeutungslosigkeit bewusst wird"

Mit jedem Jahr verdoppelten sich nun praktisch die Besucherzahlen. Eine einflussreiche Persönlichkeit dieser Zeit war der Großwildjäger und Händler George Westbeech aus Pandamatenga, der mit dem Monopol auf die Elefantenjagd im Barotseland ein Vermögen machte. Er war es auch, der den tschechischen Forschungsreisenden Emil Holub 1875 zu den Fällen begleitete. 1878 bestaunte wieder einmal eine Frau die Fälle: Die Missionarsgattin Mrs. Coillard, die damals mit ihrem Gatten monatelang auf die Erlaubnis König Lewanikas wartete, im Barotseland eine Mission gründen zu dürfen.

Der berühmte Großwildjäger F. C. Selous schrieb nach seinem Besuch der Viktoriafälle 1881: „Such are the Victoria Falls – one of, if not *the*, most transcendentally beautiful natural phenomena on this side of Paradise."

Das Land wird britisch

Noch um 1886 hatte es den Anschein, dass die Portugiesen die Region unter ihre Fittiche nehmen würden, denn die britische Regierung zeigte zunächst wenig imperiale Ambitionen. Doch kam zu diesem Zeitpunkt ein Mann ins Spiel, der mittels seines Reichtums, seiner politischen Ämter und seiner visionären Ausstrahlung die Geschicke am Sambesi entscheidend gestalten sollte: Cecil Rhodes. Er schwatzte den afrikanischen Königen kurzerhand Schutzverträge und Konzessionen für den Abbau von Bodenschätzen auf, die sein

Mutterland letztlich in die Rolle der Schutzmacht für riesige Ländereien brachten. Das Interesse von Cecil Rhodes an den Mineralrechten im Barotseland und die Tatsache, dass das Deutsche Reich den Caprivi-Zipfel für sich reklamierte, alarmierte die britische Regierung, stärkere nationale Ansprüche zu stellen. Im Jahr 1890 manifestierten die europäischen Mächte auf der Berliner Afrika-Konferenz die willkürlich ausgehandelten Grenzen, ohne jemals die betroffenen Afrikaner befragt zu haben. Die Viktoriafälle wurden damit offiziell britisch.

Cecil Rhodes' British South Africa Company installierte nun Verwaltungskräfte in den neuen Gebieten und förderte wissenschaftliche Bodenproben nach Kupfer, Gold und anderen Metallen. Zahlreiche Missionare überschritten den Sambesi, um sich weiter im Norden niederzulassen. Die Anreise blieb äußerst beschwerlich, bis 1898 eine erste Fahrspur für Ochsenkarren zwischen Bulawayo und den Fällen angelegt wurde. Von nun an konnten die Reisenden etwas bequemer und mit mehr Gepäck auf einem Ochsenkarren an die Fälle gelangen, was damals immerhin auch noch zwölf Tagesreisen ab Bulawayo dauerte. Doch es war bereits ein großer Fortschritt gegenüber den Fußkarawanen.

Oben: Alte Fotografie der ersten europäischen Gebäude an den Fällen und die Bronzestatue David Livingstones im Rainforest Nationalpark

Die ersten Händler und Siedler lassen sich nieder

Am Nordufer des Sambesi entstand 1898 eine europäische Ansiedlung. Sie befand sich direkt am Sambesi an jener breiten Furt, die zur waghalsigen Überquerung des Sambesi diente. Dieser winzige Außenposten britischen Siedlerlebens wurde deshalb unter dem Namen Old Drift bekannt.

Oben: 1903 erreicht die Bahn Victoria Falls

Zwischen den Europäern in Südrhodesien und dem Lozi-Königreich im Barotseland fand reger Handel statt. Und da alle Wege über jene Furt in Old Drift führten, erkannte der Allrounder F. J. „Mopane-"Clarke seine Chance: Er organisierte die Flussüberquerungen und fungierte gleichzeitig als Händler und Hotelier, wenngleich sein „Hotel" nur aus einer kleinen Lehmhütte mit Bar bestand. Das Geschäft lohnte sich, langsam zogen weitere Händler zu, und die Pariser Missionsgesellschaft gründete eine kleine Missionsstation. Im selben Jahr begannen die „Mail Runner" ihren Dienst entlang der Strecke Francistown – Pandamatenga – Old Drift. Wie in den britischen Kolonien seinerzeit üblich, wurde die Post von afrikanischen Läufern transportiert. Auf dieser Strecke durch wildreiche, für Fußgänger gefahrvolle Gegenden liefen die Mail Runner üblicherweise zu zweit und trugen ein Gewehr für den Selbstschutz bei sich. Pro Tag legte ein Läufer trotz seines Gepäcks von bis zu 18 kg durchschnittlich 40 km zurück, in Ausnahmefällen sogar weit mehr. Im kleinen Postbüro in Old Drift wurde die Post dann sortiert und weitergeleitet in die verschiedenen einsamen Stationen nördlich des Sambesi.

Die Missionarsfrau Coisson blieb bis 1901 die einzige Europäerin der kleinen Siedlung an der Old Drift.

Im Jahre 1899 öffnete die erste kleine Schule ihre Pforten in Old Drift. 1902 eröffnete der Pionier Fred Mills auch ein konkurrierendes Hotel. 1903 lebten hier bereits 68 Europäer, darunter 17 Frauen und sechs Kinder. Der Sambesi wurde noch immer in Booten zu je acht Paddlern überquert, und das Siedlerleben jener Tage war sehr männlich geprägt.

Schicksale aus den frühen Jahren europäischer Besiedlung

Das romantische Bild der Abenteurer- und Entdeckerzeit ist sicherlich verklärt. Für viele Menschen bedeutete eine Reise an den Sambesi in jenen Tagen ein hartes Los voller Entbehrungen, Gefahren und Schicksalsschläge. Von der schweizerischen Missionarsfamilie Boiteux ist z. B. überliefert: Reverend Emile Boiteux kam mit seiner Ehefrau 1895 von Süden ins Barotseland. Vier Kinder wurden geboren, drei davon starben im ersten Lebensjahr. Ähnlich ist das Schicksal der Familie Buckenham: Der methodistische Missionar überquerte mit seiner Familie 1890 den Sambesi und gründete die erste Missionsstation im Batokaland. Er starb 1896 bei Kazungula, die siebenjährige Tochter ebenfalls. Die Witwe verließ das Land im selben Jahr. Der tschechische Geograph und Entdeckungsreisende Emil Holub wurde mit seiner Frau 1886 am Ufer des Kafue von Mashukulumbwe überfallen. Beide überlebten, doch ihr österreichischer Begleiter Oswald Söllner wurde getötet. Selbst der berühmte und erfahrene Großwildjäger F. C. Selous verlor bei einem Überfall 1888 bei Magoye zwölf Männer und flüchtete über den Sambesi nach Süden.

(Quelle: They came to Northern Rhodesia/ Sampson, Richard, 1956)

Der Alltag ist hart und wenig romantisch

Von Anfang an darbten die Siedler unter den schlechten klimatischen und hygienischen Bedingungen. Die Siedlung lag direkt am sumpfigen und feuchtheißen Flussufer, die Bewohner litten gleichzeitig unter der schwülen Hitze und der verbreiteten Malaria, fielen aber auch Krokodil- und Löwenangriffen zum Opfer. Da jährlich rund 20 % der Bewohner an tropischen Krankheiten starben, wurde die Administration bereits 1901 an den erhöhten, vom Fluss abgewandten *Constitution Hill* (heute die Stadt Livingstone) verlegt. Die Siedler harrten aber weiterhin am Sambesiufer aus, die meisten in einfachen Zeltunterkünften, einige wenige auch in Lehmhütten. 1903 versprach sich die Lage zu bessern, als ein Arzt und eine Krankenschwester aus Bulawayo nach Old Drift zogen, doch der Doktor fiel selbst in Kürze dem Schwarzwasserfieber zum Opfer und die Schwester kehrte sogleich nach Bulawayo zurück. Die hartgesottenen Siedler am Sambesiufer waren wieder auf sich selbst gestellt.

Ehe die Bahnlinie von Bulawayo nach Victoria Falls gelegt wurde, hielten Kutschen einen regelmäßigen Fahrdienst an den Sambesi aufrecht. Später fuhren diese Kutschen vom neuen Endpunkt der Eisenbahn an den Viktoriafällen bis nach Kalomo, dem administrativen Zentrum Nordwestrhodesiens. Allerlei Zugtiere testete man damals für die Strecken durch Tsetsefliegengebiete, sogar Zebras wurden vor die Kutschen gespannt. Dies blieb allerdings ohne Erfolg.

Info Das hiesige Kunsthandwerk hat eine lange Tradition. Schon König Lewanika erkannte die lukrative Einnahmequelle und eröffnete 1905 den ersten Andenkenladen an den Viktoriafällen!

Oben: Grabplatte an der Old Drift aus dem Jahr 1904

Die Eisenbahn erreicht Victoria Falls

Mit dem Bau der Bahnlinie von Bulawayo an die Viktoriafälle ließen sich 1903 auch ein paar Menschen am südlichen Ufer des Sambesi nieder. Zu den ersten zählte der Gemischtwarenhändler Percy Clark, der sein Auskommen durch die Bahnarbeiter fand, die hier stationiert wurden. Im Juni 1904 erreichten die Eisenbahnschienen die kleine Siedlung an den Viktoriafällen. Noch im selben Jahr wurde der Vorläufer des Victoria Falls Hotels erbaut, um die Arbeiter für den Brückenbau unterzubringen. Denn nun begann eine 14-monatige Schwerstarbeit, um die aus England angelieferten Fertigteile über der Sambesischlucht zu einer 152 m langen Brücke zusammenzusetzen. Cecil Rhodes hatte vor seinem Tod angewiesen, die Eisenbahnbrücke so nah wie möglich an die Viktoriafälle zu bauen, damit die Reisenden später den guten Ausblick genießen könnten. 1905 wurde sie fertiggestellt, nachdem 1540 Tonnen Eisen und Stahl verarbeitet worden waren. Zunächst war nur ein Bahngleis gebaut worden, und erst 1930 kam es zu einer Brückenerweiterung für Autos. Von nun an ersetzte die Brücke die gefährliche Überfahrt an der Old Drift; wer sie benützen wollte, musste damals 10 Cent Brückenzoll bezahlen.

Die neue Brücke macht die gefährlichen Flussdurchquerungen an der Old Drift überflüssig.

Zwar hatten die spektakulären Wasserfälle zuvor schon hunderte Besucher angelockt, doch mit dem Bahnanschluss schien der Sambesi nicht mehr in der fernen, gefährlichen Wildnis zu liegen, und zog nun viel mehr Reisende an. Den Siedlern an den Fällen brachte dies einen schnellen Aufschwung. Allerdings sollte man sich von den ersten Bahnreisen nach Victoria Falls keine allzu romantischen Vorstellungen machen. Sie hatten nichts zu tun mit einer heutigen Rovos Rail oder Blue Train Reise! Es gab damals noch keine Küchen in den Zügen, und so konnten die Reisenden nur während der Stopps in den Bahnstationen Tee genießen, den die Servants zuvor auf offenem Feuer am Bahnsteig kochten. Auch Zwischenfälle und Verzögerungen kamen häufig vor. Mal ein Problem mit der Dampflok, das nächste Mal beschädigte Gleise durch umgestürzte Bäume, und nicht zuletzt kam es auf der wildreichen Strecke gelegentlich auch zu folgenschweren Zusammenstößen mit Elefanten.

Die ersten Bahnreisen an die Viktoriafälle blieben abenteuerlich, wenn auch sehr viel bequemer als die früheren Fahrten mit den Ochsenkarren.

Die Bahnstation am Nordufer wurde gleich einige Kilometer landeinwärts angelegt. Weil mit der Eisenbahnbrücke über den Sambesi die alte Furt ihre Bedeutung verloren hatte, ordnete die Administration die Umsiedlung aller Old Drifter in die systematisch geplante, klimatisch günstigere Siedlung

Livingstone an. Viele Siedler sträubten sich dagegen. Sie mussten sich dem amtlichen Befehl allerdings beugen und verließen die Old Drift, lagen aber jahrelang mit der Verwaltung im Konflikt.

Siedlerleben in der jungen Kolonie

Während am Südufer der Fälle nur eine unbedeutende Ortschaft namens Victoria Falls entstand, wuchs Livingstone am Nordufer zum größeren Verwaltungssitz heran. 1907 konnte Livingstone nicht nur zwei Hotels und acht Läden vorweisen, sondern auch zwei Metzger, vier Baumeister, einen Friseur und eine Apotheke. Es gab jetzt zwei Krankenhäuser, die streng „nach Rassen" getrennt waren. Das kulturelle Leben entwickelte sich bescheiden, aber stetig, mit Bridge- und Schach-Partys, Musikabenden, Theatervorführungen und Tanzveranstaltungen. Seit 1905 fanden auf dem Sambesi regelmäßig Ruderregatten statt. Außerdem gab es einen Golf- und mehrere Tennisplätze. Das erste Auto konnte auf Livingstones Straßen 1908 bewundert werden, und blieb viele Jahre auch das Einzige.

Die Stadt bekam regen Zustrom, die alte Gründerzeit war vorüber. Über 300 Europäer und 1700 Afrikaner lebten 1911 in Livingstone. Damit befanden sich mehr als 20 % aller Europäer Nordrhodesiens in Livingstone. Im Jahre 1928 war die Stadt bereits auf 1350 Europäer und 6000 Afrikaner angewachsen. Livingstones Geschichte blieb weiterhin von frischem Geist und kosmopolitischem Leben geprägt. 1911 wurden die Provinzen Nordwest- und Nordostrhodesien zusammengelegt und die Stadt Livingstone zur Hauptstadt des neuen Nordrhodesiens ernannt, was sie bis 1935 blieb. Im selben Jahr wurden die Viktoriafälle unter Naturschutz gestellt.

THE BRITISH SOUTH AFRICA COMPANY
NORTHERN RHODESIA
Native Tax Receipt,
1920.
No 85638
Received from
the sum of 10s.
Collector

Bilder: Steuerbeleg der BSCA von 1920 für den Erhalt der „Kopfsteuer" eines afrikanischen Untertans. H. G. Robins, ein typischer Siedler in den 1930ern

Eine Eisenbahnbrücke im Sprühnebel der Wasserfälle

Im Grunde war der gewählte Standort für die Sambesibrücke eine waghalsige, wenn nicht gar unsinnige Entscheidung gewesen. Denn sehr viel einfacher und billiger wäre eine Überbrückung des Sambesi über Kandahar Island gewesen, die etwa 10 km oberhalb der Viktoriafälle liegt. Doch Cecil Rhodes hatte eine andere Inspiration, denn er wollte „die Gischt der Fälle auf die Fenster der Eisenbahnwaggons spritzen sehen". 1900-1901 fanden deshalb erste Untersuchungen und Messungen für eine Stahlbrücke direkt an den Fällen statt, die die höchste der Welt werden sollte. Im Mai 1903 begannen schließlich die Arbeiten mit dem Roden von Bäumen, um die Stahlstreben einzusetzen. 1904 erreichte die Eisenbahn den Sambesi und der erste Zug fuhr ein, geführt von der euphorischen Schwester des Bauingenieurs George Pauling. Nun konnten die Baumaterialien aus Großbritannien auch per Bahn angeliefert werden. Die Brücke wurde von beiden Uferseiten gleichzeitig errichtet. Stahlkabel mit elektrischer Winde waren in der Lage, 15 Tonnen schwere Lasten zu tragen. Innerhalb von neun Wochen wurde die Brücke zusammengefügt. Am letzten Tag sorgte noch für Aufregung, dass der letzte Träger gute 15 cm zu groß schien, um die Brücke von beiden Seiten zu schließen. Doch war dies nur der Tageshitze geschuldet, die für eine solch massive Ausdehnung der Stahlkonstruktion verantwortlich war. Die Fertigstellung wurde auf den nächsten Morgen verschoben und siehe da – tatsächlich kühlte das Material in der Nacht so weit ab, dass die letzte Brückenstrebe nun exakt in den Zwischenraum passte. Die Berechnungen hatten sich als äußerst genau erwiesen, und so wurde die Brücke feierlich am 1.April 1905 fertiggestellt. Mit einer Spannweite von 152 m und einer Gesamtlänge von 198 m war sie nicht nur imposant, sondern mit 125 m Höhe seinerzeit auch die höchste Brücke der Welt. Nur ein Europäer und ein Afrikaner verloren beim Brückenbau ihr Leben; in damaligen Zeiten galt dies als ein sehr erfolgreiches Unternehmen.

Die Brücke war eine der großen Visionen von Cecil Rhodes, obwohl er selbst die Viktoriafälle nie gesehen hat. Manche Zeitgenossen fürchteten damals, die Stahlbrücke würde die Schönheit der Fälle zerstören, aber die meisten Besucher hielten sie für eine Bereicherung.

Heute ist sie zwar längst nicht mehr die höchste Stahlbrücke der Welt, dafür werden von dieser Brücke mit die höchsten kommerziellen Bungee-Sprünge der Welt absolviert – 111 m tief bis knapp über den Boiling Pot!

Als Fliegen noch Genießen bedeutete

Nach dem Zweiten Weltkrieg gab es ein paar Jahre einen Linienflugverkehr mit Wasserflugzeugen, die ein ganz besonderes Reiseerlebnis versprachen. Die Doppeldecker-Wasserflugzeuge boten 30 Passagieren Platz, die sich während des Fluges in dem gemütlichen Fluggerät relativ frei bewegen konnten. Die Flughöhe blieb tief, so dass die Sicht aus den riesigen Panoramafenstern grandios war. Auf dem Weg zwischen Großbritannien und Südafrika gab es zahlreiche Stopps in der Nähe touristischer Highlights, etwa in Cape Maclear am Malawisee, in Khartum am Nil, in Luxor und Alexandria in Ägypten, und auf Malta. Die Passagiere dieser noblen Reiseart verbrachten die Nächte stets in Luxushotels, denn die Flying Boats flogen nur tagsüber. Dreimal wöchentlich landeten sie oberhalb der Viktoriafälle auf einer Sambesiinsel, und brachten dann stets für eine Nacht illustre Gäste in das Victoria Falls Hotel.

Oben: Wandbild im The Victoria Falls Hotel mit der Streckenführung der Flying Boats. Den Stopp an den Viktoriafällen nannte man damals Jungle Junction.

Schon zu dieser Zeit litt Victoria Falls unter der Belagerung von Pavianen und Meerkatzen. Auch Elefanten und Löwen streiften immer wieder durch die Straßen. Bei der Bahngesellschaft arbeiteten damals „Baboon Operatives“, die zur Abwehr der Paviane eingestellt waren. Auch im Victoria Falls Hotel gab es Arbeiter, deren Aufgabe nur darin bestand, die frechen Paviane von den Hotelgästen und der Aussichtsterrasse fernzuhalten. Von Zeit zu Zeit, wenn die Probleme überhand nahmen, beschloss die Wildschutzbehörde, marodierende Paviane und aufdringliche Elefanten zu schießen. Sobald sie eine solche Aktion ankündigte, kamen von weither die Afrikaner nach Victoria Falls, denn sie begehrten das Fleisch der gekeulten Elefanten (am liebsten mochten sie die Elefantenrüssel). Die Paviane waren allerdings ziemlich clever und erkannten sehr schnell, wer eine Gefahr darstellte, sodass sie Reißaus nahmen, wenn ein bewaffneter Wildhüter auftauchte. Man wusste sich bald

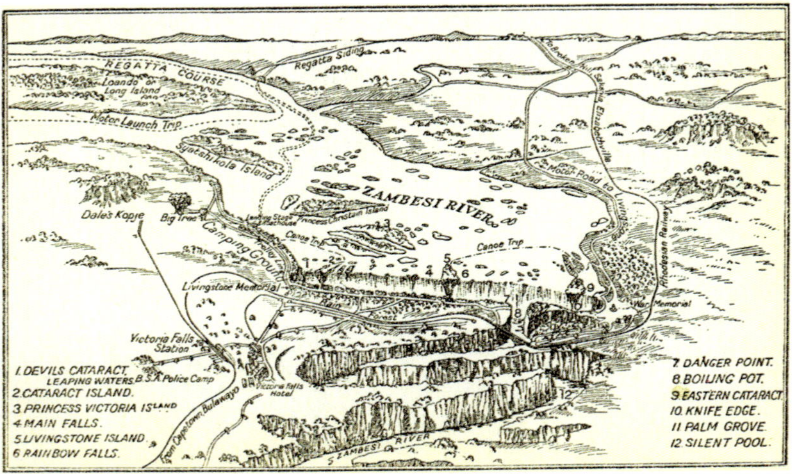

Oben: Eine touristische Karte aus dem Jahr 1948 (Union Castle Line Year Book)

nur noch damit zu helfen, dass der Wildhüter in ausladenden Frauenkleidern angeschlendert kam und unter dem Rock die Waffe versteckte. Kurios, aber wirksam. Die Paviane fielen darauf herein.

Seit der Unabhängigkeit Zambias besteht eine gewisse Rivalität zwischen Victoria Falls und Livingstone. Je nach politischer und wirtschaftlicher Lage blühte während des letzten halben Jahrhunderts mal die eine und ein andermal die andere Seite auf. In den 1960er Jahren strudelte die Wirtschaftslage des jungen Staates Zambia abwärts und ließ Victoria Falls zur Touristenhochburg reifen. Allerdings nur bis ins nächste Jahrzehnt, als in Südrhodesien der Bürgerkrieg ausbrach und schließlich sogar die Grenze zwischen beiden Staaten geschlossen wurde. Die Besucher aus aller Welt reisten nun an das zambische Ufer. 1980 wurde aus Südrhodesien Zimbabwe. Rasch kehrten die Touristen zurück und bevölkerten das kleine Victoria Falls wieder zu Tausenden. Seit dem Jahr 2000 kämpft Zimbabwe wiederum mit schweren innenpolitischen und wirtschaftlichen Krisen, während sich Zambia stärker der freien Marktwirtschaft zuwandte. Der sensible Tourismus reagierte sofort, und Victoria Falls verlor viele Besucher an seine nördlichen Nachbarn. Seither wurden in Victoria Falls große Anstrengungen unternommen, die Besucher aus aller Welt erneut für sich zu gewinnen, und die zimbabwische Seite der Wasserfälle ist heute längst wieder der Touristenfavorit.

Info Der Amtsarzt der 1950er Jahre, Dr. W. Cowen, berichtet in seiner Autobiographie von vielen Touristen, die er zu kurieren hatte. Recht häufig versuchten Urlauber damals bei Autosafaris im Wildpark Zebras zu streicheln – weshalb der Arzt regelmäßig böse Bisswunden behandeln musste!

Die Geologie der Viktoriafälle

Die geologische Zeitskala im Südlichen Afrika: Vom Erdmittelalter bis zur Erdneuzeit

Vor etwa 135 Mio. Jahren, im letzten Drittel des Mesozoikums, zerfiel Gondwanaland, jener Urkontinent des Erdmittelalters. Einzelne Landflächen drifteten damals auseinander, die später die Kontinente der Südhalbkugel bilden sollten. Vor ungefähr 100 Mio. Jahren wurde der afrikanische Kontinent geboren. Seine Landmassen hoben sich während der nächsten Jahrmillionen, und dabei entstanden drei Becken im Inneren Afrikas: Kongobecken, Tschadbecken und Kalaharibecken. Zu dieser Zeit bedeckte Lava bis zu 9 km dick die Oberfläche im südlichen Afrika. Hitze, Wind, Eis und Wasser schliffen die Erhöhungen ab und füllten das Kalaharibecken allmählich mit Sand. So entstand die größte zusammenhängende Sandfläche der Welt. Während all dieser Millionen von Jahren driftete der afrikanische Kontinent beständig nach Süden und das Klima wurde trockener.

Info Der Urkontinent Gondwanaland zerfällt. Dies ist die Geburtsstunde der verschiedenen Kontinente.

Vor ungefähr 30 Mio. Jahren setzten massive tektonische Aktivitäten ein und schufen gigantische Falten und Spalten. Der große **Ostafrikanische Grabenbruch** – das Rift Valley – schob sich auf und trieb einen tiefen Keil zwischen dem Roten Meer und dem Süden Afrikas in den Kontinent. Vor 5 Mio. Jahren vereiste die Antarktis, was wiederum eine lange Dürreperiode in Afrika auslöste. 2 Mio. Jahre später setzten erneut mit immensem Druck gewaltige Erdverschiebungen ein, gleichzeitig trieben starke Ostwinde enorme Sandmengen in die mittlere Kalahari und formten lange Ost-West-Dünen.

Unten: Luftbilder machen die steilen Abbruchkanten und den Zickzackverlauf deutlich sichtbar

Dann folgte eine sehr viel feuchtere Periode. Flüsse wurden geboren, die dem Lauf der Dünen folgten und sich in die Kalaharisande ergossen. Die Urflüsse von Okavango, Sambesi und Chobe strömten damals nach Osten dem Limpopo zu und weiter in den Indischen Ozean. Vor etwa 2 Mio. Jahren hob sich die Erdkruste an, spuckte Lava an die Oberfläche und drückte Falten und Felsen nach oben. Im zentralen Zimbabwe bildete sich eine Wasserscheide, die bis in die Kalahari ragte. Dadurch wurden Flüsse umgeleitet und füllten das sandige Becken mit Wasser. Zeitgleich mit den Eiszeiten der Nordhalbkugel während der letzten 500 000 Jahre erlebten die Tropen und Subtropen die Pluvialzeit, eine Periode starker Niederschläge. Das Kalaharibecken füllte sich nun zu einem gigantischen See von etwa 60 000 bis 80 000 km² Ausdehnung.

Dieser Makgadikgadi-See wurde durch riesige Flüsse gespeist, zu denen augenscheinlich auch der Oberlauf des Sambesi gehörte, der damals dem Limpopo-Flusssystem entgegenströmte. Unabhängig davon wurde die Region des Lower Zambezi vom Kafue-Flusssystem gespeist. Später gab es neue Erdverschiebungen, die den Beckenrand des Sees anhoben, riesige Fluten hervorriefen und die Wasserläufe erneut veränderten. Diesmal wurden sie nach Nordosten abgeleitet und der See zum Indischen Ozean hin entwässert.

Vor etwa 25 000 Jahren hatte der Binnensee zum letzten Mal seine volle Ausdehnung, dann wurde das Klima kühler und trockener, und der See schrumpfte. Mit der nächsten Dürrephase trocknete er schließlich ganz aus, und zurück blieb ein Sandbecken, an dessen tiefsten Stellen sich salzverkrustete Pfannen bildeten; die Makgadikgadi Salzpfannen in Botswana, die mit Abstand größten Salzpfannen unseres Planeten.

Vor etwa 10 000 Jahren kam es noch einmal zu einer vorübergehenden Feuchtperiode, in der die trockenen Pfannen wieder bewässert wurden. Am Okavango formte sich in dieser Phase als südwestlichste Verlängerung des Rift Valleys die Gumare-Falte. Diese behinderte abrupt den Flusslauf des Okavango, wodurch der Linyanti und das Okavangodelta entstanden. Die nachfolgende Trockenheit führte schließlich zu der Oberflächengestalt, wie wir sie heute erleben.

Bild unten: Aus der Vogelperspektive lassen sich die markanten Zickzackschluchten am besten erkennen

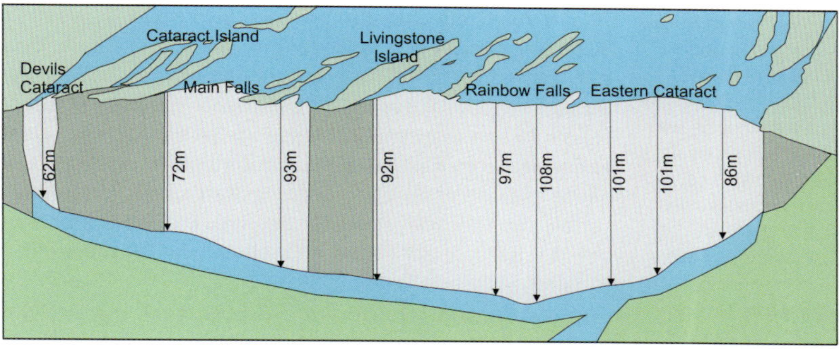

Warum die Fälle in ferner Zukunft verschwinden

Die geologischen Voraussetzungen für die Viktoriafälle wurden also bereits vor etwa 135 Mio. Jahren geschaffen, als vulkanische, schwarze Basaltlava die Oberfläche zwischen Kazungula und der Mündung des Matetsi River in die Batoka Gorge bedeckte. Dies breitete sich über ein etwa 200 km langes Feld aus. Mit dem Auskühlen und Erhärten der bis zu 300 m dicken Lavaströme entstanden tiefe Risse in Ost-West-Richtung und zartere Sprünge mit nord-südlichem Verlauf. Die Fugen vertieften sich im Laufe der Zeit und Ton-, Sand- und Kalkschichten setzten sich auf der Lava ab und lagerten sich als Kalkstein in den Spalten ein. Durch Erdstöße und extreme Witterungsunterschiede verstärkten sich die Risse, und als schließlich der Fluss seinen Lauf über diese Oberfläche führte, fraß sich das Wasser allmählich in die weicheren Vertiefungen.

Oben: Der Querschnitt demonstriert die unterschiedliche Falltiefe.

Darunter: Die Viktoriafälle stürzen abrupt in eine sehr schmale Felsspalte

Unklar ist sich die Wissenschaft, wann der erste Wasserfall den Sambesi hinabstürzte, und die Schätzungen reichen von 5 Mio. vor unserer Zeit bis zu knapp 100 000 Jahren. Irgendwann in dieser Zeitspanne – die aus erdgeschichtlicher Sicht nur einen kurzen Augenblick darstellt – bildete sich rund 8 km südlich der heutigen Viktoriafälle der erste Wasserfall genau an der Stelle, wo der Fluss vom südafrikanischen Plateau in den Abgrund der Batokaschlucht stürzt. Jener erste Fall hatte noch eine Tiefe von 250 m.

Info Oberhalb der Fälle hat sich der Sambesi nur 15 bis 20 m tief in den Basaltboden eingegraben, erstreckt sich dafür aber über eine Breite von bis zu 5 km. Die Schlucht direkt an den Viktoriafällen misst bereits 110 m Tiefe und gräbt sich immer tiefer ein, je weiter der Sambesi im Zickzackkurs durch die Batokaschlucht rauscht. Am Ende der Schlucht, wo das harte Basaltgestein endet und in weiche Sandsteinfelder übergeht, beträgt die Tiefe der Schlucht sogar 330 m.

Danach folgte ein dramatischer Erosionsprozess, bei dem die Strömung des Sambesi kurz vor der Fallkante die bestehenden Spalten vertiefte, Risse ausgehöhlt wurden und die gewaltigen Wassermassen schließlich neue Abgründe schufen. Flussaufwärts entstand auf diese Weise ein Fall nach dem anderen, deren Falltiefe dabei kontinuierlich nachließ. Die heute existierenden Viktoriafälle gelten als der achte Wasserfall das Sambesi. Jede der steilen Zickzack-Schluchten direkt unterhalb der Fälle stellte einmal die Fallkante eines früheren Wasserfalls dar.

Da die Erosion fortschreitet, werden auch die jetzigen Viktoriafälle irgendwann verschwinden und an einer gerade erst entstehenden Kluft wird ein neuer Wasserfall hinabstürzen. Am Devil's Cataract haben sich bereits erste Spalten gebildet, und man vermutet hier den Beginn der nächsten Bruchkante. Bereits heute liegt der Devil's Cataract 10 m tiefer als der Eastern Cataract und erhält daher mehr Wassermengen als die östliche Fallkante. Je mehr Wasser hier hindurch gezwängt wird, desto stärker ist die erodierende Wirkung. Je tiefer der Riss ausgehöhlt wird, umso größere Wassermengen fließen hier entlang und verstärken den Prozess. Der Devil's Cataract gilt daher als Schwachstelle der derzeitigen Viktoriafälle.

Die künftige Bruchkante wird sich wohl an den Inseln entlang ziehen oder durch Livingstone Island verlaufen. Niemand kann dies genau vorhersagen. Sicher ist aber, dass diese Entwicklung nur noch für weitere 3 km möglich ist und jeder neue Fall kleiner als der vorherige sein wird. Danach kann es aufgrund der geologischen Bedingungen nur noch Stromschnellen geben, die Fälle werden also einmal ganz verschwinden. Wann das alles passieren wird? Auch darüber herrscht keine Einigkeit. Frühestens in 20 000 bis 25 000 Jahren soll der nächste Abgrund entstehen, vielleicht auch viel später.

Von nackten Felswänden und einem undurchdringlichen Wasservorhang: Die jahreszeitlichen Schwankungen an den Viktoriafällen

Der Wasserstand des Sambesi weist extreme saisonale Unterschiede auf, was sich deutlich auf die Viktoriafälle auswirkt. Bei Niedrigwasserstand im November/Dezember stürzen pro Minute weniger als 20 Mio. Liter hinab. Dreißig Mal soviel, etwa 550 Millionen Liter pro Minute, sind es einige Monate später bei Hochwasser. Im Rekordjahr 1958 wurden sogar über 700 Mio. Liter gemessen. Der Wasserstand des Sambesi hängt allerdings kaum von der regionalen Regenzeit ab, denn der Fluss sammelt seine großen Wassermassen bereits im angolanischen Hochland an. Deshalb ist der Wasserhöchststand in den meisten Jahren zwischen März und Mai, wenn die Flut aus dem angolanischen Bergland die Fälle erreicht. Anschließend fällt der Wasserspiegel deutlich ab und erreicht im November/ Dezember seinen Tiefstand.

Für die Besucher heißt das: Bei einem Besuch im April können sie die gegenüberliegende Fallkante vor lauter Gischt und aufwirbelndem Sprühwasser mehr erahnen als sehen. Die Gischt steigt bis zu 500 m hoch und ist mitunter 60 km weit sichtbar. Reisen sie dagegen im November an die Viktoriafälle, liegen die östlichen Fälle völlig trocken oder bieten nur noch schmale Rinnsale, sodass man auf sambischer Seite entlang der Fallkante bis Livingstone Island laufen kann. Die Eindrücke könnten konträrer kaum sein. Da hilft es nur, mehrmals an die Viktoriafälle zu reisen, und das zu unterschiedlichen Jahreszeiten.

Die saisonalen Schwankungen wirken sich natürlich besonders stark unterhalb der Fälle aus: Ein Meter Höhenunterschied über den Fällen verursacht fünf Meter Unterschied unterhalb der Viktoriafälle.

Die Natur

Mehr als 900 Pflanzenarten kommen in diesem begrenzten Gebiet vor. Naturforscher teilen den Lebensraum in fünf hauptsächliche Habitate ein:

Feuchter Regenwald an den Fällen

Direkt gegenüber der Wasserfallkante, wo ständiger Sprühnebel und Gischt für eine permanent hohe Luftfeuchtigkeit sorgen, konnte sich ein recht schmaler Streifen feuchten Regenwalds ausbreiten. Die Fußwege für die Besucher schlängeln sich hier durch eine typische dichte, mehrschichtige Urwaldvegetation mit hohen Baumriesen, in tieferen, schattigen Bereichen kleineren Bäumen und Büschen, zahlreichen Ranken und Lianen, Kriechgewächsen im Unterholz, Farnen, Flechten, Gräsern und blühenden Wildblumen. Die dominantesten hohen Bäume sind Ebenholz (*African Ebony, Diospyros mespiliformis*), Rotes Milchholz (*Red Milkwood, Mimusops zeyheri*), Wasserbeerbäume (*Waterberry, syzygium cordatum*) und die Kapfeige (*Mukuyu, Cape fig, Ficus capensis*). In ihrem Halbschatten gedeihen Wilde Dattelpalmen (*Phoenix reclinata*) und Felsenfeigen (*Ficus ingens*). Das feuchte, moosige Unterholz bewachsen Frauenhaarfarne (*Adiantum capillus-veneris*) und Lanzenschildfarne (*Aspidium lonchitis*). Die lilienartige Ruhmeskrone bzw. Flammenlilie (*Flame Lily, Gloriosa superba*) ist mit ihren leuchtend roten Blütenblättern eine besonders auffällige Kletterpflanze und außerdem die Nationalblume Zimbabwes. Zu Beginn der Regenzeit sprießen plötzlich Hunderte kugelförmige **Blutblumen** (*Fireball, Haemanthus multiflorus*) aus der feuchten, halbschattigen Erde (siehe S. 60), später folgen auch die weiß blühenden Orchideen *Calanthe corymbosa*.

Sambesi-Ufervegetation und die Flussinseln

Die Ufer am Oberlauf des Sambesi flankiert ein schmaler, nur wenige Meter bis max. 100 m breiter Vegetationsstreifen. Hier reihen sich zahlreiche Makalani- oder Ilalapalmen (*Hyphaene petersiana,* siehe Bilder dieser Seite) an Wilde Dattelpalmen (*Phoenix reclinata*), Wasserbeerbäume (*Waterberry, syzygium cordatum*) und Anabäume (*Apple Ring Tree, Faidherbia albida*). Diese reizvolle Uferszenerie zählt zu den besonders beliebten Fotomotiven.

Bilder unten: Die Früchte der Ilalapalme, das „Palm-Elfenbein",sind beliebte Souvenirartikel

Die Inseln des Sambesi bestehen entweder aus Sandbänken oder Basaltgestein. Die Sandbänke sind stark mit Ried- und Schilfgräsern bewachsen, zwischen denen Fächerpalmen (*Hyphaene*) und Weidengewächse (*Salicaceae*) sprießen. Wenn dagegen ein **Baobab** (*Adansonia digitata*) auf einer Insel steht, erkennt man daran das Basaltgestein, denn der knorrige Baum wächst nicht auf Sandinseln.

Zu den ungewöhnlichsten Bäumen am Sambesiufer zählt der **Leberwurstbaum** (*Kigelia africana*). Seine Früchte hängen tatsächlich wie überdimensionale Leberwürste von den Zweigen herab und werden bis zu 1 m lang und bis zu 10 kg schwer, da sie sehr viel Wasser enthalten. Im unreifen Zustand sind die schweren „Leberwürste" giftig, doch später werden sie zum Bierbrauen verwendet. Bei Hungersnöten verzehren die Menschen diese Früchte, ansonsten sind sie ein beliebtes Futter für Mangusten, Hippos, Paviane und anderes Wild. Die dunkelroten Blüten dieses Trompetenbaumgewächses verströmen abends einen starken Duft, der Fledermäuse zum Bestäuben anlockt.

Oben: Der Farbkätzchenstrauch (*Dichrostachys cinerea*) ist ein akazienähnlicher Busch der niedrigen Höhenlagen. Er gilt als Indikator für überweidete Böden, weil er eine typische Sekundärpflanze ist, und lässt sich leicht an seinen Samenhülsen erkennen, die wie verschlungene Knäuel am Busch hängen.

Der trockene Mopanewald auf Basaltböden

Dunkle Basaltlagerstätten bedecken den größten Teil der direkten Umgebung an den Viktoriafällen. Das mineralreiche, basische Lavagestein prägt z. B. den Bereich vom Elephant Hills Hotel zur Victoria Falls Safari Lodge und zum Big Baobab Tree. Hier dominieren Mopanewald (*Colophospermum mopane*) und trockenes Dorngestrüpp. Aus diesem eher niedrigen Bewuchs ragen einzelne riesige Baobabs (*Adansonia digitata*) und Afrikanische Sternkastanien (*Sterculia africana*) heraus. Auch der laubabwerfende Weiße Syringabaum bzw. Falsche Bergjasmin (*Kirkia acuminata*) wächst auf Basaltböden bis zu 15 m hoch. Robuste Schmetterlingsblütler wie der schnellwüchsige Afrikanische Blauregenbaum (*Tree Wisteria, Bolusanthus speciosus*) verbreiten sich ebenfalls gerne auf der wasserdurchlässigen Basalterde.

Mopanewälder sind nach ihrem dominantesten Baum, dem **Mopane** (*Colophospermum mopane*), benannt, haben kaum Grasbewuchs und wirken in der blattlosen Trockenzeit mitunter abweisend. Das Zirpen unzähliger Singzikaden und vereinzelte Termitenhügel prägen ihre Atmosphäre. Der schnell wachsende, anspruchslose Mopane kann bei günstigen Bedingungen bis zu 18 m Höhe erreichen, bleibt aber bei ungünstigen Böden nur ein Busch. Er lässt sich leicht an seinen schmetterlingsförmigen Blättern erkennen, die sich in kurzer Zeit gelb, braun und rot färben. Mopane ist ein begehrtes Feuerholz. An seinen Blättern findet man häufig die bunten Mopaneraupen (*Gonimbrasia Belina*). Gekocht, gesalzen und danach getrocknet sind sie ein beliebter Snack für viele Afrikaner.

Je ein Blatt des Falschen Mopane (oben) und des Mopane (unten) im direkten Vergleich

Die Vegetation im Kalahari-Sandfeld

Von Victoria Falls in Richtung Süden gehen die Basaltböden rasch in rötliche Kalahari-Sandfelder über, auf denen besonders wertvolle Edelhölzer gedeihen wie Sambesi-Teak (*Baikiaea plurijuga*), Mukwa (*Pterocarpus angolensis*), Falscher Mopane (*Guibourtina coleosperma*) und Mahagoni (*Afzelia quanzensis*). Einige Spezies des artenreichen Miombowaldes sind hier vertreten (*Brachystegia*-Arten und *Erythrophleum*). Darüberhinaus findet man auch auf den Kalahari-Sandböden Weidengewächse, Silberterminalien (*Terminalia sericea*) und Baobabs.

Oben: Ein Baobab und seine zarte Blüte

Unten: Typischer Bewuchs auf Kalahari-Sandboden

Die Vegetation in der Batokaschlucht

Die steilen Felswände der Batokaschlucht erlauben den Pflanzen kaum, in die Tiefe zu wurzeln. Was hier wächst, muss magere Böden, steile Klippen und Wind vertragen. Zu den am häufigsten vertretenen Pflanzen zählen Balsambüsche wie die Papierrinden-Commiphora (*Commiphora marlo-thii*), Kandelabereuphorbien (*Euphorbia cooperi*) und anspruchslose Aloen (*Aloe cryptopoda* und *Aloe chabaudii*).

Die verbreitete Kandelabereuphorbie wächst bis zu 10 m hoch und entwickelt in der Regenzeit gelbgrüne Blüten. Wenn man Euphorbien verletzt, tritt ein giftiger Milchsaft aus, wodurch bewiesen wird, dass es sich um ein Wolfsmilchgewächs und nicht um einen Kaktus handelt. Die eigentliche Heimat der Kandelabereuphorbie ist die Kalahari.

Blühende Zierbäume in den Gärten

Eine Reihe schöner Zierpflanzen wurde im Laufe der Jahre nach Zentralafrika eingeführt. Zu ihnen zählt der in Australien beheimatete Flammenbaum *(Brachychiton acerifolium)*, der wegen seiner großen roten Blüten gerne in Gärten gepflanzt wird. Auch der Afrikanische Tulpenbaum *(Spathodea Campanulata)*, ein Import aus den tropischen Gebieten Westafrikas, hat große, scharlachrote Glockenblüten. Der Korallen- oder Rote Feuerbaum *(Erythrina abyssinica)* schmückt ebenfalls viele Gärten. *Cassia Abbreviata* aus der Gattung des Kassien zählt zu den schönsten gelbblühenden Zierbäumen Afrikas. Man findet ein paar imposante Exemplare im Garten der Ilala Lodge (siehe Foto rechts oben). Der Hülsenfrüchtler blüht dort zwischen September und November. Der gleichen Familie angehörig ist der Afrikanische Schotenbaum (*Weeping Wattle, Peltophorum africanum*), der ebenfalls gelbe Blüten produziert, allerdings zwischen Februar und Juni. Von September bis November steht der Regenbaum (*Rain Tree, Mupanda, Lonchocarpus capassa*) in violetter Blüte. Der in Brasilien beheimatete Jacaranda *(Jacaranda acutifolia)* blüht zur selben Zeit wunderschön bläulich-lila. Zierliche Frangipani-Büsche (*Plumeria,* Foto rechts unten) und üppige Rhododendren schmücken die Gärten. Verschiedene Akazien wurden seit der Kolonialzeit aus Australien nach Afrika eingeführt, vor allem feuerrot blühende Schirmakazien mit langen Schoten (siehe Foto in der Mitte). Eingeführte Akazien tragen im Gegensatz zu den heimischen Arten vielfach keine Dornen.

Die Tierwelt an den Viktoriafällen

Bis in die 1970er Jahre konnte man noch mitten im Ort Elefanten, Leoparden, Büffel und Löwen antreffen, doch diese Begegnungen wurden immer seltener. Die zunehmende Besiedlung und die Touristenströme drängten viele Tierarten zurück. Dennoch leben hier auch heute noch Buschböcke, Impalas, Ducker und Wasserböcke. Und seit den Corona-Lockdowns sind viele Tiere sogar zutraulicher geworden. Nahe der Grenzgebäude weiden oft Büffel, und während der Trockenzeit wandern die Elefanten nicht nur durchs Gebüsch, sondern mitunter sogar mitten durch die Straßen der Ortschaft.

Auf den Campingplätzen durchwühlen Warzenschweine und Meerkatzen die Mülleimer; Pavianen und Zebramangusten begegnet man an Swimmingpools oder bei Uferspaziergängen.

Der Golfplatz des Elephant Hills Hotels ist längst von der Tierwelt erobert worden: Warzenschweine, Wasserböcke und Impalas grasen auf der frischen Wiese zwischen den Golfern (nachts weiden hier die Hippos). An den kleinen Teichen warnen Schilder vor dem achtlosen Näherkommen – es könnte sich ja ein Krokodil darin aufhalten. Auf der Restaurantterrasse des gleichen Hotels teilen freche Vögel das Frühstück mit den Gästen und bereichern ihre Ernährung mit frischer Milch und Butter. Am Pool lauern Paviane auf achtlos beiseite gestellte Lebensmittel.

Bilder links von oben: Fünfstreifenskink;
Mama Warzenschwein bewohnt mit ihrem Nachwuchs ein Abwasserrohr mitten in Victotia Falls;
Meerkatzen bevölkern die Region beiderseits des Sambesi und plündern gerne Mülltonnen

Früher stürzten gelegentlich Flusspferde die Viktoriafälle hinab. Es wurde vermutet, dass die Tiere zu dicht an die Fälle geschwommen und mitgerissen worden waren. Da sich die Flusspferde wegen der vielen Ausflugsboote inzwischen weiter flussaufwärts zurückgezogen haben, passieren solche Unglücke heute nur noch selten.

Es kommt aber leider gelegentlich vor, dass Elefanten beim Überqueren des Sambesi oberhalb der Fälle durch die starke Strömung in Not geraten. Manchmal werden sie über die Fallkante in die Tiefe gerissen, häufiger stranden sie allerdings entkräftet auf einer der Sambesiinseln. So z. B. im Oktober 2009: Da wurden auf Long Island zwei verlassene Elefantenbabys entdeckt, die offensichtlich von ihren Herden getrennt worden waren, als sie den Fluss durchquerten. Ihre einzige Überlebenschance bestand in einer aufwändigen Rettungsaktion mit Motorboot und Kleinflugzeug. Beide Tierkinder überlebten das gefährliche Manöver und konnten in der Obhut des Elephant Orphanage Projects wieder aufgepäppelt werden.

An den zahlreichen Landungsstellen der Ausflugsboote am Oberlauf des Sambesi lassen sich besonders morgens oder spätnachmittags am Ufer oder auf den Inseln Hippos, Krokodile, Nilwarane und Elefanten beobachten.

In den Schluchten südlich der Fälle streifen Leoparden umher und kreisen Greifvögel wie der äußerst seltene Kurzschwanzfalke. Mit etwas Glück kann man nachts im Großraum Victoria Falls sogar einzelne Schakale, Tüpfelhyänen oder Wildkatzen aufspüren.

Auch bei den Fischen im Sambesi gibt es Bemerkenswertes zu berichten: Die unüberwindliche Barriere durch die Viktoriafälle führte zu völlig unterschiedlichen Entwicklungen. So leben oberhalb der Fälle 80 Fischarten, unterhalb davon 64 Spezies, doch nur 30 davon sind auch gemeinsame Arten.

Bilder links von oben:

Eine Meerkatze und ein Graubülbül im Frühstücksraum des Elephant Hills Hotel;

Verkehrsschild in Victoria Falls

Vögel

Während eines Aufenthalts an den Viktoriafällen bestehen sehr gute Möglichkeiten zur Vogelbeobachtung, denn 358 verschiedene Vogelarten sind hier bekannt.

Die beste Zeit ist die sommerliche Regenzeit, weil sich zu den heimischen Arten tausende Zugvögel gesellen. Es gibt hier ein paar sehr seltene Spezies zu entdecken wie den Kurzschwanz- oder Taitafalken (*Falco fasciinucha*) in der Batokaschlucht und den Schalows-Turako (*Tauraco schalowi*), der im südlichen Afrika nur im Raum Victoria Falls vorkommt und die hohen Bäume nahe der Fälle liebt. Viel einfacher sind in den Gärten von Hotels und Restaurants Webervögel, Rötelschnäpper, Paradiesschnäpper und Graubülbül zu beobachten. Entlang des Sambesi verteidigen Schreiseeadler (*Haliaeetus vocifer*) ihr Revier, wogegen die bunten Gabelracken (*Coracias caudata*) besonders gerne auf den städtischen Strommasten sitzen.

Bilder von oben:
Ein prächtiger Amethyst-Glanzstar (*Cinnyricinclus leucogaster*) und ein Trompeter-Hornvogel (*Bycanistes bucinator*)

Welche Vögel sieht man wo?

An Felsen und Gesteinsfeldern
Taitafalken, Schwarzstörche, Schwalben, Adler, Bussarde und Stelzen

An den Gewässern
Enten, Gänse, Reiher, Uferläufer, Kiebitze, Kormorane, Bienenfresser

Auf Wiesen und Weideland
Finken, Kuckucke, Webervögel, Rubinkehlpieper

Am seichten Flussufer
Nektarvögel, Nashornvögel, Grasmücken, Fliegenschnäpper

Im dichten Miombowald
Trappen, Nashornvögel, Bartvögel, Bülbüls

Im trockenen Mopanewald
Hornraben, Webervögel, Nashornvögel, Tauben, Papageien, Lerchen, Flughühner, Perlhühner

Im Unterholz
Schmetterlingsfinken, Königswitwen

Info Der Eingang zum umzäunten Victoria Falls Rainforest Nationalpark liegt etwa 500 m vor den Grenzgebäuden. Eintrittspreise: Besucher aus SADC-Staaten im südlichen Afrika 30 US$, internationale Besucher 50 US$, Kinder die Hälfte. „Moonlight Viewing" in Vollmondnächten kostet 70 US$ (SADC) bzw. 100 US$. Auch zahlbar in Euro, ZA-Rand und Brit. Pfund. Öffnungszeiten: 6.30–18 Uhr; von November bis April ab 6 Uhr morgens

Besuch der Viktoriafälle

Für den Besuch der Viktoriafälle sollte man sich zwei bis drei Stunden Zeit nehmen. Tragen Sie bequemes Schuhwerk, mit dem Sie den befestigten, mehrere Kilometer langen Rundweg durch teilweise nasses Gelände gut bewältigen können, und lassen Sie alles unnötige Gepäck weg. Man wird zu jeder Jahreszeit mehr oder weniger stark eingeregnet. Bei Hochwasser wird man sowieso völlig durchnässt. Im Mittelteil des Rundwegs, auf Höhe der Main Falls, fällt auch in den trockensten Monaten noch Nieselregen auf die Besucher. Viele Touristen tragen Regenjacken oder Capes, manche spannen auch einen Schirm auf. Die warme Luft erlaubt es, trotz der Nässe sommerlich gekleidet zu bleiben. T-Shirts und Shorts trocknen hier schnell wieder. Nasse Sandalen sind weniger unangenehm und trocknen schneller als aufgeweichte Turnschuhe mit Socken. Fotografen sollten unbedingt an einen Nässeschutz für ihre Kamera denken.

Rundgang im Victoria Falls Rainforest NP

Im Eingangsgebäude nach der Kasse informiert eine kleine Ausstellung über die Wasserfälle. Dieses Besucherzentrum versprüht mit seinen verblichenen Fotografien und Karten einen nostalgischen, vernachlässigten Charme. Die meisten Besucher nehmen die Ausstellung deshalb kaum wahr und wenden sich dem Naturpfad zu den Fällen zu. Wir empfehlen, zunächst zum Livingstone-Denkmal und dem Devil's Cataract zu laufen, da Sie sich dort noch außerhalb der nassen Gischt befinden.

Denkmal David Livingstones

Das bronzene Livingstone Memorial zeigt den Forscher in Überlebensgröße. Imposant und entschlossenen Schrittes, mit einem verbissenen Blick, der über die Fälle schweift, so wollten sich die Rhodesier seiner erinnern, als sie die Statue 1955, genau 100 Jahre nach ihrer Entdeckung, an den Viktoriafällen errichten ließen. Im Grunde hätte sie besser an das zambische Nordufer gepasst, denn Livingstone hat sich zeitlebens deutlich mehr auf jener Uferseite des Sambesi aufgehalten und ist auch auf Zambias Staatsgebiet gestorben.

Zweimal im neuen Jahrtausend gab es Ambitionen, die Statue zu entfernen. 2001 durch „Kriegsveteranen", die das Relikt kolonialer Vorherrschaft demonstrativ eliminieren wollten, und dann zwei Jahre später, als Zambia die Statue – vergeblich – für sich beanspruchen wollte.

Wer entdeckte wirklich die Viktoriafälle?

Es ist bekannt, dass der Forscher und Missionar David Livingstone am 16.11.1855 im Kanu an den geheimnisvollen „Donnernden Rauch" gelangte. Von Livingstone Island wagte er den ersten Blick in den Abgrund. Denkbar ist aber auch, dass Livingstone womöglich gar nicht der erste Weiße an den Fällen gewesen ist. Bereits ab etwa 1840 wussten die Europäer im Süden Afrikas von der Existenz gewaltiger Wasserfälle. Neben Dr. Livingstone hatten zwei weitere Kandidaten die Möglichkeit, als erste Europäer vor den Wasserfällen zu stehen: Zum einen der portugiesische Elfenbeinhändler Silva Antonio Francisco Porto, der 1848 von Angola nach Osten zog. Und andererseits der Ungar Ladislaus Magyar, der 1851 aus dem heutigen Nordwestzambia nach Süden reiste und irgendwo in dieser Region den Sambesi überquerte. Beide Männer hinterließen der Nachwelt kaum Niederschriften, doch Nachforschungen lassen Spekulationen gedeihen, David Livingstone könnte sich den Entdeckerruhm eventuell unberechtigt angeeignet haben. Wie auch immer – dokumentarisch bewiesen ist als erster Besuch der des Dr. David Livingstone. Und er war unzweifelhaft auch der erste, der die Fälle dem Rest der Welt publik machte.

Devil's Cataract

Vor dem Denkmal Livingstones führen 37 Stufen den „Chain Walk" zum Devil's Cataract View Point hinab, benannt nach einer Eisenkette zum Festhalten, die es hier früher einmal gab. Inzwischen führt eine gut gesicherte neue Treppe hinab. Die namentliche Assoziation mit dem Teufel ist durchaus passend, hat man doch tatsächlich den Eindruck, in einen gefährlichen Schlund hinabzusteigen. Die Mühe lohnt sich, denn vom Cataract View Point bietet sich ein spektakulärer Ausblick auf die ganze Länge der Fälle, soweit sie in der tosenden, feuchten Gischt überhaupt zu erkennen sind. Der Blick in die Tiefe verliert sich in der tobenden Wassergewalt, die hier unentwegt auf blanken Fels bricht. Schließen Sie für einen Moment die Augen und geben Sie sich einmal ganz dem wütenden Tumult hin: Es ist unglaublich laut, brachial stürmisch und durch und durch nass!

Devil's Cataract bezeichnet den kleinsten, nur 62 m tiefen Fall, der durch Cataract Island (auch Boaruka Island) von den restlichen Fällen getrennt ist, aber ganzjährig das meiste Wasser führt. Hier wird voraussichtlich die Fallkante des nächsten Wasserfalls entstehen, denn die Wassergewalten haben bereits einen zehn Meter tiefen Spalt ausgehöhlt, der beständig weiter erodiert (siehe S. 44).

Der Weg führt hinter dem Devil's Cataract und dem Denkmal Livingstones noch ein kleines Stück weiter flussaufwärts, ehe er endet. Hier kann man einen schönen Blick über den Sambesi erhaschen. Um den Rundgang zu den verschiedenen Aussichtsplätzen anzutreten, muss man allerdings erst zur beschilderten Gabelung in Richtung Ausgang zurückkehren.

Bilder links: Blick auf den tosenden Devil's Caratact; Abstieg zum View Point über 37 Stufen

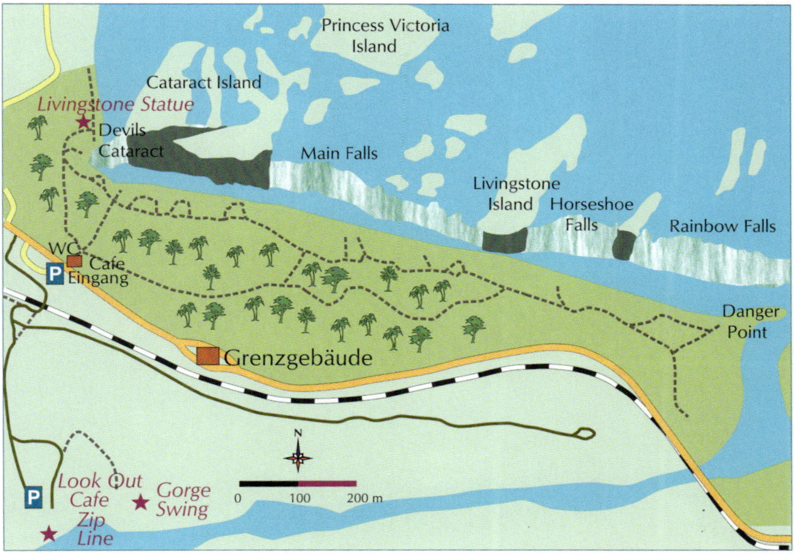
Princess Victoria Island
Cataract Island
Livingstone Statue
Devils Cataract
Main Falls
Livingstone Island
Horseshoe Falls
Rainbow Falls
WC
Cafe
P
Eingang
Danger Point
Grenzgebäude
N
0
100
200 m
P
Look Out Cafe
Zip Line
Gorge Swing

Durch den immergrünen Regenwald

Der Rundweg verläuft parallel zu den Fällen durch den bemerkenswerten kleinen Regenwald, der sich in diesem einzigartigen Dauergischt- und Sprühnebelbereich bildete. Im Ort Victoria Falls fallen jährlich 715 Liter Regen pro Quadratmeter. Auf den kleinen immergrünen Regenwaldstreifen an den Fällen gehen dagegen in jedem Jahr 30 000 Liter Wasser pro Quadratmeter nieder! Dieser 42-fache Niederschlag gegenüber der Umgebung erklärt dem Botaniker das Entstehen eines so komprimierten, ungewöhnlichen Biotops, in dem immergrüne Afrikanische Mangostanbäume (*Garcinia mangostana*) bis zu 25 m Wuchshöhe erreichen, die parasitären Sambesi-Feigen (*Ficus bussei*) mit ihren Luftwurzeln andere Pflanzen ersticken und Farne im Unterholz sprießen. Die am häufigsten vorkommenden Spezies sind Wilde Dattelpalmen (*Phoenix reclinata*), Rotes Milchholz (*Red Milkwood, Mimusops zeyheri*) Kapfeigen (*Mukuyu, Cape fig, Ficus capensis*) und Wasserbeerbäume (*Waterberry, Syzygium cordatum*). Der Regenwaldstreifen ist sehr schmal. Er reicht nur vom Devil's

Cataract etwa bis zum Aussichtspunkt Nr. 12 und geht dort, wo die Sprühnebel enden, augenblicklich in den typischen trockenen Mopane- und Dornbuschwald über. Nahe der Felskante wachsen auch keine Bäume, sondern nur mehr robuste Gräser und niedriges Gebüsch, die dem ständigen starken Wind aus der Schlucht standhalten können.

Eine Besonderheit unter den Vögeln im kleinen Regenwald an den Viktoriafällen ist die seltene Helmturako-Unterart *Tauraco livingstonii*, die von aufmerksamen Vogelfreunden hier regelmäßig gesichtet werden kann.

Bilder links: Zu Beginn der Regenzeit bedecken überall leuchtende Blutblumen (*Fireball, Haemanthus multiflorus*) den schattigen Urwaldboden. Oben: Trompeter-Hornvogel (*Bycanistes bucinator*).

Rundweg mit Aussichtspunkten

Der befestigte Rundweg führt an zahlreichen kurzen Abstechern zu den verschiedenen Aussichtspunkten vorbei. Manchmal schützen hohe Bäume vorübergehend vor dem Nieselschauer, doch stets öffnet sich die Vegetation rasch wieder, so dass man überall in die Gischt gerät. Jeder Aussichtspunkt ermöglicht neue Ausblicke auf die gegenüberliegenden Wassermassen und lässt den Besucher dabei zunehmend demütig werden. Immer deutlicher werden das schiere Ausmaß dieser gigantischen Wasserfälle und die zerstörerisch-schöne Wucht ihrer freigesetzten Kräfte. Der einzelne Mensch, Zeuge solcher Naturgewalten, steht in der nassen, stürmischen Gischt und fühlt sich verschwindend winzig und unbedeutend. Die Viktoriafälle bringen die Besucher zum Schwärmen und Philosophieren.

Unten: Nervenkitzel pur in der Trockenzeit: Mutige laufen vom zambischen Ufer zum Baden bis an die Fallkante der Main Falls

Beim Fotografieren sollte man trotz aller Leidenschaft bedenken, dass nur leichte Schutzzäune aus Dornzweigen eine Abgrenzung mit eher symbolischem Charakter zur steilen Schlucht bilden. Halten Sie stets einen sicheren Abstand zur nassen Steilkante und steigen Sie niemals über eine der Absperrungen.

Vom View Point Nr. 6 bietet sich der beste Ausblick in den Devil's Cataract. Von hier aus kann man sogar das Denkmal von David Livingstone erkennen. Der nächste Aussichtspunkt Nr. 7 offenbart die Main Falls in voller Breite und einen Blick in die tiefe Schlucht. In diesem Bereich stehen imposante Baumriesen, die dem Unterholz viel Schatten gewähren und teilweise Stützwurzeln entwickelt haben.

Bilder rechts: Devil's Cataract, Cataract Island, die Main Falls und Livingstone Island bei niedrigem Wasserstand aus der Vogelperspektive; View Point vor Livingstone Island bei Hochwasser; Regenbogen.

Entlang der 830 m breiten, ganzjährig wasserführenden **Main Falls** zeichnen Sonne und Gischt besonders herrliche Regenbögen. Die Main Falls liegen zwischen den beiden Inseln Cataract Island und Livingstone Island. Auf Livingstone Island hatte der Forscher Livingstone im November 1855 eine beschwerte Schnur von der Fallkante herunterhängen lassen, um die Tiefe der Fälle zu messen. Nach 90 m blieb die Schnur allerdings an einem Felsvorsprung hängen. Er hatte außerdem versucht, auf der Insel Kaffee zu pflanzen, scheiterte jedoch an der Fresssucht und Zerstörungswut der Flusspferde. Heute können Touristen in exklusiven Zelten auf der Insel übernachten oder während

des niedrigsten Wasserstands vom zambischen Ufer hierher wandern, um in den zurückgebliebenen Tümpeln, wie den „Armchair Falls", ein Bad mit spektakulärer Aussicht und viel Nervenkitzel zu nehmen oder auch nur, um den gleichen Blick zu genießen wie David Livingstone im Jahr 1855.

Jenseits von Livingstone Island schließen sich die kleinen, hufeisenförmigen **Horseshoe Falls** und die **Rainbow Falls** an, in deren Bereich der 108 m tiefe Greatest Fall und der Ablauf des Sambesi liegen. Diese Fälle lassen sich von den Aussichtspunkten 11 bis 14 sehr gut betrachten. Bei Niedrigwasserstand liegt die Felswand manchmal ab den Horseshoe Falls bis zum Eastern Cataract völlig trocken.

Der Rundweg führt nun durch baumlose, dem Aufwind ausgesetzte Gräser und endet am View Point Nr. 15, dem windumtosten **Danger Point**. Zwischen März und Mai ist man auf diesem nackten, glitschigen Felsen einer heftigen Dauerdusche ausgesetzt, die die meisten Besucher zur schnellen Flucht veranlasst. Vorsicht geboten! Bei Niedrigwasser bietet sich Danger Point dagegen als Picknickplatz an (Foto unten) und gewährt einen weiten Blick in den Eastern Cataract, der und zu dieser Zeit meist völlig trocken liegt. Man kann dann von hier aus vormittags die Wildwasserfahrten in der über 100 m tiefen Schlucht im Boiling Pot starten sehen. Auf der gegenüberliegenden Seite der Schlucht befindet sich der zambische Aussichtspunkt am „Knife Edge" so nah, dass sich die Touristen zuwinken können (Foto rechts).

Eine Abzweigung führt vom Danger Point weiter durch hohes Gras zum Aussichtspunkt Nr. 16 mit freiem Blick in die zweite Schlucht (die Vorgängerin der heutigen Viktoriafälle), auf die Victoria Falls Stahlbrücke und die waghalsigen Bungee-Springer, die sich dort in die Tiefe stürzen. In der Tiefe strudelt und donnert der Boiling Pot, jener Ablauf der Fälle, an dem sich der Sambesi in die engen Zickzackschluchten zwängen muss. Im Boiling Pot, dem Hexenkessel, werden mitunter Dinge angeschwemmt, die unabsichtlich über die Viktoriafälle in die Tiefe gerissen wurden, seien es verendete Elefanten und Hippos oder verunglückte Touristen. Nicht nur deshalb wirkt der Boiling Pot (S. 116) so unheimlich, bedrohlich und beängstigend.

Der Rückweg zum Ausgang, der nicht direkt an den Aussichtspunkten vorbei führt, ist weniger stark frequentiert und bereits der Sonne ausgesetzt. Wer hier aufmerksam unterwegs ist, kann Paviane, scheue Ducker und zierliche Schirrantilopen entdecken.

Tipps zum Fotografieren

Die beste Tageszeit für herausragende Fotoaufnahmen an den Fällen ist frühmorgens oder spätnachmittags zum Sonnenuntergang. Denn die aufsteigende Gischt nimmt während der wärmsten Stunden gegen Mittag deutlich zu, wodurch die Sicht erschwert wird.

Die Bedingungen bei Hochwasserstand zwischen März und Mai: Sie werden in dieser Zeit unweigerlich in dichten Gischtregen geraten, der Sie bis auf die Haut durchnässt, inklusive aller Utensilien, die nicht regensicher verpackt worden sind. Tragen Sie entweder luftige Kleidung, die nass werden darf, oder einen guten Regenschutz. Schützen Sie ihre Kamera so gut wie möglich vor der Nässe. Das imposante Schauspiel wird die meisten Bilder vermutlich hoffnungslos vernebeln, außerdem sind die Fälle so ausladend, dass man sie kaum auf ein Bild bannen kann. Die klarsten Aufnahmen lassen sich dann bei einem Rundflug aus der Vogelperspektive machen. Ungeachtet der schwierigeren Fotobedingungen sind die Viktoriafälle bei Hochwasser ein unvergleichlicher Ansturm auf alle Sinne!

Ausgezeichnete Fotochancen bieten die Monate Juni bis August, und hier vor allem wieder morgens und abends. Die Fälle stürzen noch in ganzer Breite hinab, sind aber nicht mehr so stark vernebelt. Der gegenüberliegende frische Tropenwald hebt sich von der braunen, trockenen Umgebung deutlich ab. Jetzt sind die Fälle eher lieblich als gewaltig.

Ab Oktober wird der Wasserstand so niedrig, dass nackte Felswände den Gesamteindruck schon trüben können. Die verbliebenen Rinnsale erinnern kaum an die Wassergewalten bei Hochwasser.

Ein ganz besonderer Höhepunkt ist eine Vollmondnacht an den Fällen, wenn tatsächlich selbst der Mondschein einen fahlen Regenbogen („Lunar Rainbow") zaubert.

Sehenswertes in Victoria Falls

Beschaulicher Bahnhof mit kolonialem Flair

Der kleine Bahnhof von Victoria Falls wirkt wie ein Relikt aus einer vergangenen, besseren Zeit. Mehr als zwei Millionen Reisende und Urlauber sind hier nach langer Fahrt dem Zug entstiegen und die paar Schritte bis zum Victoria Falls Hotel gelaufen, zu dem es einen eigenen Fußweg gibt. Heute ist es dagegen sehr ruhig geworden um den Bahnhof. Eisenbahnfreaks und Nostalgiker sollten die herausgeputzte Bahnstation unbedingt besuchen. Mit ihrem farbigen Anstrich, zahlreichen Rundsäulen und dem mit Palmen und Zierbäumen bepflanzten Vorplatz zählt sie zu den anmutigsten Komplexen von Victoria Falls. Manchmal stehen hier sogar noch alte Dampfloks.

Zambezi Drive und der Big Baobab Tree

Der Rundweg Zambezi Drive führt knapp 2 km entlang des Sambesiufers, bis er kurz vor einem riesigen Baobab nach Süden abknickt. Unter diesem gigantischen Baobab sollen schon die ersten Händler und Reisenden ihr Lager aufgeschlagen haben, bevor sie an der Old Drift über den Fluss setzten. Man sagt, der Baum sei annähernd 1500 Jahre alt. Sein Stamm misst fast 18 m Umfang und seine Höhe beträgt etwa 23 m.

Zwischen dem Sambesiufer und dem Zambezi Drive verläuft ein Fußpfad durch die malerische Ufervegetation, der wunderbare Ausblicke gewährt.

Allerdings sollte man hier stets achtsam und vorsichtig sein, ist es doch der Lebensraum zahlreicher Wildtiere. Begegnungen mit Meerkatzen, Pavianen, Buschböcken und Warzenschweinen zählen zu den harmlosen Abenteuern, nicht selten sieht sich der Fußgänger hier aber auch grasenden Hippos, wandernden Elefanten oder Büffeln gegenüber. Zwar haben sich die meisten Tiere an Menschen gewöhnt, doch sind sie potenziell gefährlich, vor allem wenn sich der Mensch falsch verhält.

Führung durch die Krokodilfarm

Die Krokodilzuchtfarm des Zambezi Wildlife Sanctuary heißt Besucher täglich von 8–16.30 Uhr willkommen. Die knapp einstündige Führung über das Gelände wird gespickt mit Informationen über den Lebenszyklus der Reptilien, und ein kleines Museum gewährt Einblicke in das Ökosystem ihres Lebensraums. Man erfährt dort allerlei erstaunliche Dinge, z. B. dass Krokodile im Laufe ihres Lebens rund 1 % ihres Körpergewichts an Steinen und Felsbrocken schlucken, die sich alle im Magen ansammeln!

Die Fütterungen finden täglich um 11.15 Uhr und 15.45 Uhr statt

Aus dem Babybecken angelt der Guide schließlich ein verschrecktes Opfer und lässt die Besucher über den kleinen Panzer streicheln. Dramatisch wird es bei der Frischfleischfütterung der alten, bis zu 6 m langen und 700 kg schweren Riesenechsen, schnappen sie doch blitzschnell und aggressiv nach den begehrten Happen. Auf dem Gelände werden außerdem drei Löwen aus Äthiopien, ein Strauß und ein scheuer Kronenducker gehalten. Anbei sind auch ein kleines Gartenlokal und ein Souvenirladen, in dem unter anderem Produkte aus Krokodilleder vertrieben werden. Der Eintritt beträgt 15 US$ für Erwachsene und 7 US$ für Kinder von 3–11 Jahren.

Elephant's Walk Shopping Village

Im Elephant's Walk Shopping Village gerät man unversehens in eine tropische Oase: Inmitten der Boutiquen und Kunstgalerien befindet sich hier das lässige **Africa Café**. Erfrischende Sprühnebel imitieren die Gischt der Viktoriafälle und befeuchten die vielen tropischen Pflanzen im Innenhof des Gebäudekomplexes. Die Besucher freut es, außerdem bietet das Café Internetzugang. Sehenswert ist hier auch das **Heritage Centre** gleich neben dem Café; eine Art Volkskundemuseum. Neben den verschiedenen Galerien, Souvenir-, Schmuck- und Modeläden haben sich auch ein kleiner Supermarkt, ein Tierpräparator (Taxidermy) und ein Wahrsager (Fortune Teller) im Shopping Village niedergelassen.

Info Mit Kunsthandwerk wird hier übrigens auch schon sehr lange gehandelt: Clark's Curios vertrieb bereits 1903 Andenken und Souvenirs auf der zimbabwischen Seite der Viktoriafälle. 1905 erkannte auch der Lozi-König Lewanika die lukrative Einnahmequelle und ließ einen ersten Laden für afrikanisches Kunsthandwerk am Nordufer des Sambesi eröffnen.

Oben: Beim Falls Craft Village in Victoria Falls; Batik mit Zebra-Motiv

Kunsthandwerk auf dem Souvenirmarkt

Das Angebot an Kunsthandwerk und Andenken aller Art scheint in Victoria Falls mit jedem Jahr noch umfangreicher zu werden. Die Besucher haben die schwere Wahl unter unzähligen Holzgiraffen in allen Ausführungen und Größen, hunderten Shona-Steinskulpturen, weißen Häkeldecken, bunten Stoffen, bedruckten T-Shirts und zahlreichen Töpferwaren. Hölzerne Flusspferde sind der Dauerbrenner unter den Souvenirs. An den kleinen Tierfiguren wird etwa 3–5 Tage gearbeitet, an einem großen Hippo bis zu zwei Wochen. Man sollte beim Einkaufen von Kunsthandwerk aber nicht vergessen, dass die verwendeten Materialien teilweise massive Schäden an der Umwelt nach sich ziehen. Gerade die Holzschnitzereien sind deshalb in Verruf geraten. Für die Schnitzereien werden hochwertige Edelhölzer mit unterschiedlichen Härtegraden verwendet. Rötliche Teakhölzer und das dunkle Ebenholz finden die häufigste Verwendung. Beide Baumarten sind langsam wachsend und durch den starken Holzeinschlag für die Souvenirherstellung seit Jahren bedroht.

Handeln – die Kunst des Feilschens

Auf den afrikanischen Märkten wird der Preis von Kunsthandwerk und Andenken aller Art zumeist ausgehandelt. Die Preise sind oft variabel und hängen von der aktuellen finanziellen Situation des Händlers ab. Wie viel man jeweils vom angebotenen ersten Preis herunter handeln kann, lässt sich schwer sagen. Die oft empfohlene Richtlinie, nach der der reelle Preis ca. 50-70 % des ersten Angebots beträgt, halten wir für irreführend. Sie mag in touristischen Regionen ihre Berechtigung finden, wo die Preise durch ahnungslose Urlauber teilweise astronomisch in die Höhe schnellen. Man kann auf einem Markt den zehnfachen Preis des reellen Wertes genannt bekommen und an der nächsten Straßenecke plötzlich den ehrlichen Einheimischenpreis erhalten, der kaum noch Spielraum für das Handeln lässt. Hier hilft einfach nur Fingerspitzengefühl. Am besten fragt man verschiedene Händler auf unterschiedlichen Märkten nach den Preisen für die begehrte Ware und prägt sich das Preisgefüge ein. So erhält man mit der Zeit eine Vorstellung vom Preisniveau. Es gilt, einen Mittelweg zu finden zwischen dem pedantischen Geizkragen, der den Afrikanern die Freude, an einem Touristen ein wenig besser als sonst zu verdienen, nicht gönnt, und dem naiven Grünschnabel, der sich unverhältnismäßig stark „übers Ohr hauen lässt". Nehmen Sie sich Zeit für die Verhandlungen. Lassen Sie sich zuerst einen Preis nennen. Setzen Sie nun Ihren Preis deutlich niedriger an, als Sie zu zahlen bereit sind, denn jetzt wird zwischen dem geforderten und Ihrem gebotenen Preis weiter verhandelt. Der Händler wird die Hände über dem Kopf zusammenschlagen, Empörung zeigen und von seinem Ruin jammern. Spielen Sie mit, markieren Sie den Desinteressierten, und wenn Sie zu zweit sind, kann Ihr Partner durch scheinbares Drängeln zum Weitergehen die Verhandlungen beschleunigen. Nähern Sie sich langsam an die Summe, die Sie zu zahlen bereit sind, an. Man kann davon ausgehen, dass ein Händler nur dann verkauft, wenn er noch etwas daran verdient, denn Verluste macht kein Kaufmann freiwillig. Andererseits sollte man gerade in Zimbabwe die wirtschaftliche Notlage der Bevölkerung berücksichtigen. Oft muss ein Straßenhändler viele Personen seiner Großfamilie versorgen. Was zählt es da, vielleicht 5 US$ herausgehandelt zu haben, die eine Familie dringend zum Essen braucht? Und sind ein paar zuviel bezahlte Dollar nicht in den meisten Fällen eine direkt beim Bedürftigen abgeführte Spende? Ein guter Kaufabschluss ist deshalb der, bei dem anschließend beide Seiten zufrieden sind.

Der Zambezi NP ist zwischen Mai und September täglich von 6–18 Uhr geöffnet, die übrigen Monate wird der Park je nach Wetterlage mitunter vorübergehend gesperrt. Die Wege erfordern ein Fahrzeug mit guter Bodenfreiheit.

Parkgebühren: Der **Eintritt** beträgt 15 US$ für internationale Gäste und 12 US$ für SADC-Bürger; wenn man im Park übernachtet, verringert er sich auf 8 US$ (Internationale) bzw. 6 US$ (SADC-Bürger). Kinder jeweils die Hälfte. **Fahrzeuge** mit Zimbabwe-Kennzeichen kosten 5 US$, alle anderen 10 US$; bei Übernachtungsgästen reduziert es sich auf 3 US$.

Camping: siehe S. 97

Safarilodges im Park: s. S. 96

Safariagenturen bieten Pirschfahrten ab 70 US$ inklusive Parkgebühren und Picknick an.

Kontakt: Victoria Falls: Tel. +263-213-2842294/2844566. Harare Corporate Centre: Tel. +263-242-707624–8, E-Mail: bookings@zimparks.org.zw, www.zimparks.org.zw.

Safari im Zambezi Nationalpark

Seit 1931 steht das Gebiet entlang der Viktoriafälle unter staatlichem Schutz. 1979 unterteilte man das Gelände in zwei einzelne Parks, den 23 km² kleinen Victoria Falls Rainforest NP, der sich von den Viktoriafällen bis fast zur Batokaschlucht zieht, und den 560 km² großen Zambezi National Park oberhalb der Wasserfälle. Wegen seiner traumhaft schönen, rund 40 km langen Uferkulisse am Sambesi zählt ein Ausflug in den Zambezi Nationalpark zu den reizvollsten Erlebnissen in Victoria Falls.

Der Park wird von der Straße nach Kazungula/Botswana durchschnitten und somit in zwei Bereiche unterteilt; in die Region am Sambesiufer und das Chamabonda Vlei. Der nördliche Teil, zwischen der Teerstraße und dem Sambesi, ist der interessantere Bereich und bietet ein Wegenetz von über 100 km Länge.

Sambesi-Region: Nach dem Eingangstor führt die Hauptpiste parallel zum Flusslauf nach Nordwesten und gewährt immer wieder herrliche Ausblicke auf die palmenbestandene Uferszenerie. Hier wird ein Klischee Afrikas wahr: Am Sambesiufer dösen Hippos und Krokodile, in den hohen Bäumen wachen stolze Schreiseeadler. Von Zeit zu Zeit kommen einige der zwölf heimischen Antilopenarten, Zebras und Elefanten zum Trinken an den Fluss. Auch Warzenschweine, Löffelhunde, Hyänen und Löwen durchstreifen den Park, der allerdings besonders für seine immensen Büffelherden berühmt ist. Erfreulicherweise halten sich auch mehrere Afrikanische Wildhunde im Park auf, die heute zu den am meisten gefährdeten Tierarten zählen. An der Uferstraße befinden sich neben zahlreichen Picknick- auch vier idyllische Campingstellplätze, auf denen mit Blick auf den großen Strom und seine vielen bewaldeten Inseln stimmungsvoll genächtigt werden kann (siehe S. 97). Die Loops im Hinterland waren aufgrund der dichten Vegetation sowieso nicht unbedingt lohnenswert; inzwischen dürfen Touristen sie wegen der Auswaschungen und tiefsandigen Bereiche auch gar nicht mehr befahren.

Chamabonda-Region: Nur eine Stichstraße führt durch diesen Teil des Parks, dessen Zugang 7 km südlich von Victoria Falls liegt. Der Eintritt muss beim Gate zum nördlichen Teil oder beim Wildlife Office in Victoria Falls bezahlt werden (er gilt für beide Parkregionen). Entlang des Chamabonda Vlei führt der Weg über die Kaliankua Pan zur 25 km entfernten Njako Pan. Hier steht eine Aussichtsplattform für gute Tierbeobachtungen in der offenen Grassavanne.

Oben: Prächtige Rappenantilopen
Unten: Freundliche Wildhüterinnen beim Haupt-Parkeingang

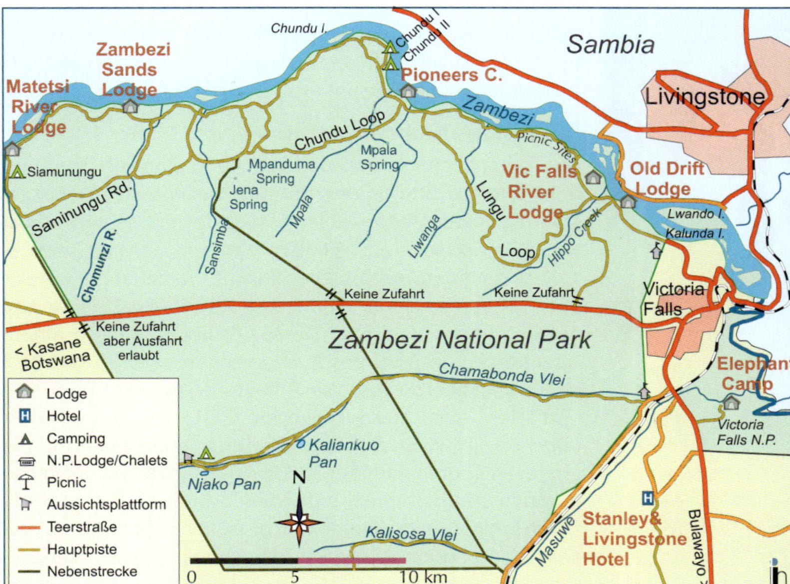

Oben: Die Früchte des Leberwurstbaums

Tipp Fernglas, Sonnenbrille, Kamera und eine leichte Jacke einpacken!

Vielfältige Freizeitaktivitäten

Die vielfältigen Aktivitäten in Victoria Falls werden fast preisgleich in allen Reiseagenturen der Stadt und in den Hotels und Lodges angeboten. Die Transfers der Gäste von und zum Hotel sind in der Regel im Preis inklusive.

Sambesi-Bootsfahrten: Sundowner und Dinner Cruise

Die romantischen zweistündigen Vergnügungsfahrten auf dem Sambesi sind unbestritten die beliebteste Freizeitgestaltung an den Viktoriafällen und ein fester Bestandteil fast aller Ausflugspakete. Sie finden morgens, mittags und am späten Nachmittag statt. Die „Sunset Cruise“ zum Sonnenuntergang ist besonders stimmungsvoll (40–50 US$). Sie gibt es auch in der Variante „Dinner Cruise“ inklusive einem Abendessen an Bord des Ausflugsschiffes (ab 75 US$ pP). Im Preis sind bei den meisten Anbietern Getränke und Snacks enthalten, auch hier werden die Gäste von ihren Hotels abgeholt und nach der Veranstaltung zurückgefahren. Bei größeren Booten mit über 100 Plätzen, auf denen die Reisegruppen unterkommen, entwickelt sich durch die alkoholischen Freigetränke oft eine feucht-fröhliche Stimmung. Wer eine stillere, romantische Fahrt bevorzugt, sollte ein kleineres Schiff für höchstens zehn Personen wählen, bei dem die

Akzente anders gesetzt werden. Ein „Sunset-Cruise mit High Tea & Spirits“ auf dem kleinen, zur Ilala Lodge gehörenden Luxusboot Ra-Ikane wird für 85 US$ pro Person angeboten. Bei allen Angeboten kommt zudem noch die Nationalparkgebühr über 10 US$ hinzu.

Die größten Anbieter sind Shearwater, Adventure Zone und Wild Horizons. Sie lassen ihre Gäste am Landungssteg von Tänzern und Sängern empfangen. Die Fahrt führt

dann den Sambesi flussaufwärts entlang des Zambezi Nationalparks, ehe die gemütliche Rückfahrt durch die Inseln und Kanäle des Sambesioberlaufs folgt. Ein paar Hippos grunzen und zahlreiche Wasservögel begleiten die Boote. Manchmal entdecken die Ausflügler Elefanten am Ufer zwischen den Palmen oder Krokodile, die still vorübertreiben. Zum Sonnenuntergang halten die Boote meistens für ein paar unvergessliche, stille Momente mitten auf dem Wasser an und kehren schließlich mit der hereinbrechenden Nacht wieder an den Landungssteg zurück.

Oben: Traditionelle Musik und Tänze

Die internationale Klassifizierung von Stromschnellen

Klasse 1: Einfach. Kleine Wellen in schnell fließendem Gewässer.
Klasse 2: Anfänger. Felsen im Wasser verursachen Strudel. Man kann noch gut schwimmen.
Klasse 3: Fortgeschrittene Anfänger. Schäumendes Wasser und stärkere Stromschnellen, starke Strömung.
Klasse 4: Fortgeschrittene. Mächtige Stromschnellen in turbulentem Wasser mit großen Walzen und tiefen Löchern.
Klasse 5: Experten. Extremer Wasserdruck, tiefe Strudel, scharfkantige Felsen, kontinuierliche Stromschnellen, rasante Wasserfließkraft, große Gefahren und sehr hohe Verletzungsgefahr.
Klasse 6: No-Go-Area. Hohe Wellen, riesige Felsen, Lebensgefahr besteht selbst für erfahrene Paddler.

White Water Rafting

Die denkbar größte Adrenalinspritze stellen die Wildwasserfahrten unterhalb der Viktoriafälle dar. Der Wildwassertrip am Sambesi zählt mit Schwierigkeitsgraden von 3 bis 5 (auf der Skala von 1 bis 6) zu den schwierigsten auch für Amateure zugänglichen Touren der Welt und ist entsprechend gefährlich. Das hochwertige Material der Schlauchboote und die erfahrenen Profis, die die Boote lenken, sorgen für ein möglichst hohes Maß an Sicherheit, dennoch erfordert es einiges an Mut und Selbstvertrauen, sich diesen Touren anzuschließen. Fast immer kentern einige Boote in den Stromschnellen und über Bord Gegangene müssen anschließend wieder von nebenher fahrenden Kajaks eingesammelt werden. Verletzungen sind dabei nicht selten, leider sind auch schon mehrfach Teilnehmer tödlich verunglückt. Eine Spazierfahrt ist dies also sicherlich nicht, sondern ein stundenlanger Nervenkitzel und körperlich sehr anstrengend. Denn zum Schluss müssen die Rafter aus der 250 m tiefen Batokaschlucht noch zu den wartenden Transferfahrzeugen hinauf wandern. Wer beim Rafting teilnimmt, kann mit an Sicherheit grenzender Wahrscheinlichkeit davon ausgehen, bis auf die Haut durchnässt zu werden, selbst wenn man nicht über Bord geschleudert wird oder das Boot kippt. Die Namen der 24 Stromschnellen zwischen dem Boiling Pot und dem Endpunkt der Touren sprechen Bände: sie heißen Double Trouble, Washing Machine, Commercial Suicide, Overland Truck Eater, Stairway of Heaven und The Terminators...

Die Wildwasserfahrten sind abhängig vom Wasserstand des Sambesi. Etwa zwischen Juli und Mitte Februar findet „Low Water Rafting" statt, bei dem die Boote

bereits beim Boiling Pot zu Wasser gelassen werden. Die übrigen Monate kann beim „High Water Rafting" wegen der gefährlichen Strudel erst ab Rapid Nr. 11 gestartet werden. Die ganztägigen Touren kosten 120 US$ inklusive Transfers, Mittagessen und Getränken. 10 US$ Nationalparkgebühren kommen noch extra hinzu.

Alle Teilnehmer müssen Schwimmwesten und Sturzhelme tragen und werden zu Beginn eingehend instruiert, wie sie sich in den Stromschnellen zu verhalten haben. Es darf kein Gepäck mitgebracht werden, man sollte sogar auf Brillen verzichten. Die Boote werden von Filmteams begleitet, die das Spektakel professionell zu einem Videofilm verarbeiten, welchen die Teilnehmer anschließend erwerben können.

Wer noch eine Steigerung des Wildwasserabenteuers sucht, kann Rafting auf dem tosenden Sambesi zusätzlich mit Bungee-Springen (siehe S. 79) verbinden. Eine solche „Gruesome Twosome Combo" kostet 275 US$ pro Person.

Info Als 1980 auf zambischer Seite das Unternehmen SOBEK die ersten Wildwasserfahrten in den Sambesischluchten unternahm, gingen alle davon aus, dass es auf der Strecke keine Krokodile geben würde. Heute weiß man es besser, doch sind die Krokodile offensichtlich das geringere Übel, das den Raftern zu schaffen macht

Oben: Im Microlight über die Fälle

Rundflug über die Fälle: Flight of Angels

Den besten Eindruck von der geologischen Form des Geländes erhält man aus der Vogelperspektive. Während des Wasserhöchststands ist diese Perspektive auch die einzige, von der aus die Fälle klar zu ermessen sind. Schon seit Jahrzehnten kreisen kleine Sportflieger über dem Naturschauspiel, und seit einigen Jahren ist das Angebot mit Helikopterflügen, Microlight- und Ultraleichtflugzeugen sowie Fallschirmtandem- und Einzelsprüngen deutlich gewachsen (auf zambischer Seite; in Zimbabwe werden derzeit nur die Helikopterflüge angeboten). Die ungebrochene Begeisterung für das Erlebnis, in einem Sportflugzeug die Viktoriafälle zu erleben, hält an, was leider auch zu einer nicht unerheblichen Lärmbelästigung führt. Bei gutem Wetter sind die Flieger von morgens bis spätnachmittags in der Luft.

Die Piloten der kleinen Sportflugzeuge oder Helikopter drehen beim kurzen Rundflug für ca. 12–13 Minuten in jeder Richtung ein paar Kreise direkt über den Fällen, so dass alle Passagiere eine perfekte Aussicht genießen können. Bei der noch spannenderen 25-Minuten-Variante folgt der Pilot zusätzlich im Tiefflug dem Zickzackkurs des Sambesi in die Batokaschlucht und zieht anschließend noch eine ausgiebige Schleife über dem Zambezi Nationalpark.

Oben: Ein Helikopter landet

Durchgeführt werden die Helikopterflüge von Shearwater Adventures, eine Vorausbuchung ist notwendig und kann in allen Reiseagenturen und Hotels getätigt werden. Im Preis von 150 US$ pro Person zzgl. 15 US$ Nationalparkgebühr und 10 US$ Treibstoffzuschlag sind neben dem 12-minütigen Helikopterflug auch die Abholung und der Rücktransfer zum Hotel inklusive. In der Regel ist das Wetter vormittags klarer und weniger bewölkt als nachmittags, daher empfiehlt sich ein Rundflug in den frühen Morgenstunden. Die moderne Shearwater-Hubschrauberflotte mit Fluggeräten, in denen jeweils vier oder sechs Personen Platz haben, kann in Spitzenzeiten bis zu 75 Flüge pro Tag absolvieren (Sitzaufteilung der Passagiere: 1–3 bzw. 1–3–2). Auch hier werden alle Gäste individuell gefilmt und fotografiert, wodurch die Betreiber auf zusätzliche Einnahmen hoffen.

Bilder rechts: Genussvolle Kanufahrt auf dem Sambesi; Die Bungee-Absprungstelle liegt genau in der Mitte der Victoria Falls Brücke

Kanufahrten am Oberlauf des Sambesi

Kanufahrten auf dem Sambesi liegen im Schwierigkeitsgrad zwischen einem Bootsausflug und einer Wildwasserfahrt. Die Vielfalt ist auch hier groß: Unter einer „Wine Route" versteht man die bequeme Luxussafari im Kanu, bei der die Gäste gemütlich Tiere beobachten, Wein oder Gin Tonic schlürfen und von einheimischen Paddlern gelenkt werden.

Für die Mutigeren gibt es „White Water Canoeing", bei denen die Teilnehmer selbst hinter einem erfahrenen Guide paddeln und kleinere Stromschnellen der Klasse 1 bis 3 bewältigen müssen. Nebenbei sollten sie auch den Flusspferden aus dem Weg gehen. Diese Abenteuer bieten eine ideale Kombination aus Naturerlebnis und aktiver Betätigung. Die meiste Zeit kann man sich ohne Anstrengung mit der Strömung treiben lassen. Tagestouren inkl. Frühstück und Mittagessen sind buchbar für 160 US$. Bei allen Kanutouren kommen zudem noch 10 US$ Nationalparkgebühr hinzu.

Bungee-Springen

Es gibt Leute, die haben Spaß daran, sich kopfüber in eine Schlucht zu stürzen, und für diese ist der 111 m tiefe Sprung an der Victoria Falls Brücke in den Boiling Pot wohl das Höchste. Seit Anfang der 1990er Jahre bietet sich hier die Gelegenheit, einen der höchsten kommerziellen Brückensprünge der Welt zu unternehmen. In einer Umgebung, die für einen Sprung in die Tiefe kaum dramatischer sein könnte. Wer den Bungee Jump probieren möchte, muss den Grenzposten an der Brücke passieren, denn die Absprungstelle liegt im Niemandsland. Es fallen dabei keine Gebühren oder neuen Visakosten an, man muss aber den Pass abgeben. Ein Solo-Sprung kostet 168 US$.

National Park Lodges
Bootsanlegestellen
Bootsclub
Zambezy House
Bootsanlegestellen
Zambezi NP
Azambezi River
The Palm
Elefanten Reiten
Krokodil Farm
Golfplatz
Elephant Hills
Hubschrauber Rundflüge
Big Tree
Victoria Falls Safari
Picknick
Detailmap Seite 107
Lokuthula Lodges
Vic Falls Backpackers
Boma Restaurant
Gibson
Wood
C.Selous Rd.
Park Rd.
Rainbow
Shearwater Explorers Village
Squire Cummings
Acacia Cres.
Lorries B&B
Shoestring Backpacker
Souvenir Markt
Ilala Lodge
Seven Eleven
528
Sopers
Crescent
West Drive
Pioneers
Mahogany
Manyika
Mopane
Teak
Reynard Rd.
Vic Falls Rest Camp
The Kingdom
Bayete
Pamusha
Nguhwuma
Batonka
Polizei
Sprayview
Pick'n Pay
Spencer Rd.
The Victoria Falls
N
500m
Botswana 80km
Chinotimba
Clinic

WELCOME TO
MOSI-OA-TUNYA

Hochseil-Sport

Unterhalb von Rapid Nr. 5, der „Himmelsleiter“, überspannen schwere Drahtkabel die tiefe Schlucht und bieten Sportfreunden ein Vergnügen der besonderen Art. Zu den harmlosen Varianten zählt das gesicherte Abseilen in die Sambesischlucht. Mehr Mut verlangt es, am Hochseil über der Schlucht schwebend ans andere Ufer zu rauschen oder mit rasender Geschwindigkeit in die Schlucht hinunter zu sausen (84 US$, im Tandem 127 US$). Die größte Herausforderung stellt allerdings der **Gorge Swing** dar, ein 70 m tiefer freier Fall vom Sprungturm am Rande der Schlucht, ehe das Seil den Sturz in weiten Pendelschwüngen über der Schlucht abfedert. 105 US$ für den Einzelsprung bzw. 158 US$ im Tan-

Geierfütterung an der Victoria Falls Safari Lodge

Jeden Tag das gleiche Spiel: Pünktlich gegen 12.45 Uhr trudeln sie ein und kreisen über dem Wasserloch an der Victoria Falls Safari Lodge. Mal sind es nur dreißig, vierzig Geier, manchmal aber mehr als hundert Greifvögel. Denn täglich um 13 Uhr findet dort die Geierfütterung statt. Wenn die Hotelangestellten das Fleisch auf dem Boden vor der erhöhten Aussichtsterrasse und Hotelbar verteilen, geht es ganz schnell. Die Vögel stürzen sich darauf und schnappen sich in wilder Fledderei und staubigem Gezanke soviel davon, wie sie können. Die meisten Vögel sind Weißrückengeier (*Gyps africanus*), zwischen denen deutlich größere Marabus (*Leptoptilos crumeniferus*) umherstaken. Während der Sommermonate gesellen sich auch Schwarzmilane (*Milvus migrans*) dazu. Das Spektakel lässt sich auch wunderbar von der Terrasse oder dem Restaurant der Lodge aus beobachten.

Tierbegegnungen „zum Anfassen": Lion Encounter, Cheetah Interaction and Elephant Walk with Giants

Eine noch relativ junge Entwicklung unter den Aktivitäten sind die Begegnungen mit Wildtieren. Vier Anbieter bewerben das Reiten auf gezähmten Elefanten (Safpar, Shearwater, Wild Horizons und The Elephant Experience). Darüber hinaus gibt es Begegnung mit jungen Löwen („Lion Encounter") oder mit Geparden (Cheetah Walks & Interaction). Bis 2020 wurde auch Lion Walks angeboten, die jedoch sehr umstritten waren und den Unmut vieler Tierschützer auf sich zogen, da Löwen nach einem so engen und jahrelangen Kontakt mit Menschen kaum jemals wieder in die freie Wildnis entlassen werden können. Unter Umständen führt der unnatürliche Kontakt zu den Menschen, denen sie von Natur aus stets aus dem Weg gehen würden, sogar dazu, diese schließlich auf die Liste potenzieller Futterquellen zu setzen und die Dörfer in der Umgebung zu tyrannisieren. Die Anbieter beteuerten zwar gerne ihre behutsamen Tierschutzabsichten, doch überwogen bei dieser Angelegenheit wohl eher handfeste wirtschaftliche Interessen als das Wohl der Tiere. Es handelt sich bei den Löwen nicht um verwaiste oder von der Mutter verstoßene Tierkinder, die außerhalb der menschlichen Obhut keine Überlebenschancen hätten, sondern um Löwenbabys aus Zuchtfarmen und privaten Wildreservaten, die ihrer natürlichen Umgebung und dem vertrauten Rudel entrissen wurden, um zahlungskräftige Touristen in einen Streichelzoo zu locken. Löwen können nur bis zum Alter von maximal 15 Monaten „eingesetzt" werden, solange sie für Menschen relativ ungefährlich bleiben, danach wird ihr Verhalten unberechenbar und ihre Körperkraft lebensgefährlich. Sie werden also schon nach 15 Monaten „ausrangiert" und fristen ihr restliches Dasein vermutlich trostlos in einem Gehege oder Zoo. Es ist daher begrüßenswert, dass diese Löwen-Walks inzwischen eingestellt wurden. Heute wird als vertretbare Aktivität mit Löwen für 120 US$ ein sog. „**Lion Encounter**" angeboten, der sich aus einer Löwenfütterung und einer Pirschfahrt durch das Konzessionsgebiet, in dem die Löwen leben, zusammensetzt. Die Tiere geraten dabei nicht in direkten Kontakt mit den Menschen. Die Begegnung mit den Geparden beim „**Cheetah Walk & Interaction**" (140 US$) besteht dagegen tatsächlich aus einem kleinen Spaziergang mit Geparden, denn die Raubkatzen sind zähmbar. Alle Ausflüge mit Raubkatzen finden frühmorgens oder am späten Nachmittag statt.

Info Lion Walks waren eine Entwicklung der letzten Jahre und bei Tierschützern sehr umstritten – besonders die Löwen-Aktivitäten.

Ende 2020 wurden die Lion Walks eingestellt.

Die seither angebotenen Aktivitäten mit Löwen entsprechen weitgehend den Tierschutzanforderungen

So sehr die Vorstellung reizt, auf einem Elefantenrücken durch den afrikanischen Busch zu ziehen, sollte sich doch jeder Reisende zuvor mit der Problematik der Tierhaltung und Dressur auseinandersetzen.

Die Reitausflüge auf dem Rücken trainierter Elefanten haben ebenfalls ihre Befürworter und ihre Gegner. Alle betroffenen Elefanten müssen lebenslang in menschlicher Obhut bleiben und kehren nicht mehr in die Freiheit zurück. Die Trainer bilden im Idealfall mit den Elefanten einen sehr engen, vertrauensvollen Familienverband, in dem mit Lob und Anerkennung anstelle von Gewalt ausgebildet wird. Gute Elefantentrainer lieben ihre Elefanten wie ein Familienmitglied und vertrauen ihnen voll. Der Nachwuchs dieser Elefantenkühe wird gleich in dieses Mensch-Tier-Rudel hineingeboren und übernimmt die Verhaltensweisen der älteren Tiere von allein. Die Dickhäuter sind äußerst sensibel und empfindsam. Daher ist es im Interesse eines Elefantentrainers, dass die Tiere sich wohlfühlen. So weit, so gut, wären da nicht die Gerüchte, einer der Anbieter habe mit Regierungsgenehmigung 15 junge Elefanten aus dem Hwange Nationalpark entfernt, um sie zu domestizieren. Ein klarer Verstoß, heißt es doch, die Tiere kämen alle bereits aus domestizierten Herden. Zudem sind viele Fachleute überzeugt, dass Elefanten nur dann so folgsam werden, wenn man ihnen gewaltsam und traumatisch den Willen bricht.

Oben: Pause für Trainer und Elefant

Info Diese Touren finden täglich um 6 Uhr, 9 Uhr, 11 Uhr und um 13.30 Uhr statt

Der Anbieter „The Elephant Experience“ hat als einziger sein Gelände direkt neben der Krokodilfarm an der Straße zum Zambezi Nationalpark. Wer zur passenden Zeit vorbeikommt, kann die Dickhäuter mit ihren Trainern neben der Straße beobachten, wie sie genüsslich ein paar Blätter vom Baum zupfen. Vor dem Ausritt werden die Elefanten den Gästen namentlich vorgestellt. Zur Begrüßung darf man ihnen Nüsse oder Zuckerstücke reichen, die sie eifrig mit dem Rüssel greifen. Jeder Elefant wird von einem Trainer geritten, und der Gast nimmt dahinter auf dem gepolsterten Sattel Platz. Eine Eisentreppe dient als Aufstiegshilfe. Dann schlendert die ganze Gruppe gemütlich zum Zambezi Nationalpark. Unterwegs sind Begegnungen mit anderen Wildtieren häufig. Die Tour kostet 150 US$, für Kinder die Hälfte, und besteht aus je 45 Minuten Reiten und Interaction, bei der man die Dickhäuter berühren darf.

Oben: Die Bamba Tram bietet 21 Passagieren Platz;

Unten: Cage Diving: der Käfig zum Eintauchen ins Krokodilbecken

Bamba Tram

Ein Tipp für Romantiker und Nostalgiker: Dreimal täglich besteht die Möglichkeit, mit einer historischen Trambahn vom Bahnhof zur Sambesibrücke oder auf Safari in die Jafuta-Area zu fahren; um 6 Uhr, 8.30 Uhr und 16.30 Uhr. Während der eineinhalb- bis zweistündigen Tour werden Tee und Kaffee gereicht. Der Ausflug kostet 50 US$, für Kinder die Hälfte. Wer sich etwas Außergewöhnliches gönnen möchte, bucht den „Safari Dinner Run" mit Drei-Gang-Menü und Getränken wird für 150 US$.

Golf

Das Golfspiel genießt an den Fällen bereits eine 100 Jahre lange Tradition, und der 18-Loch-Golfplatz des Elephant Hills Resorts bietet nicht nur einen aparten Ausblick, sondern gehört weltweit zu den ganz wenigen Turnierplätzen, an denen Schilder vor Krokodilen warnen und eine Partie von grasenden Hippos und Wasserböcken unterbrochen werden kann.

Tauchen mit Krokodilen

Auf dem Gelände der Krokodilfarm (Seite 68) befindet sich ein echter Adrenalinschocker: „Cage Diving". Dabei taucht man in einem gesicherten Stahlkäfig in ein Krokodilbecken und kommt den gefährlichen Riesenechsen viel näher als den meisten lieb ist. Der Spaß kostet 85 US$.

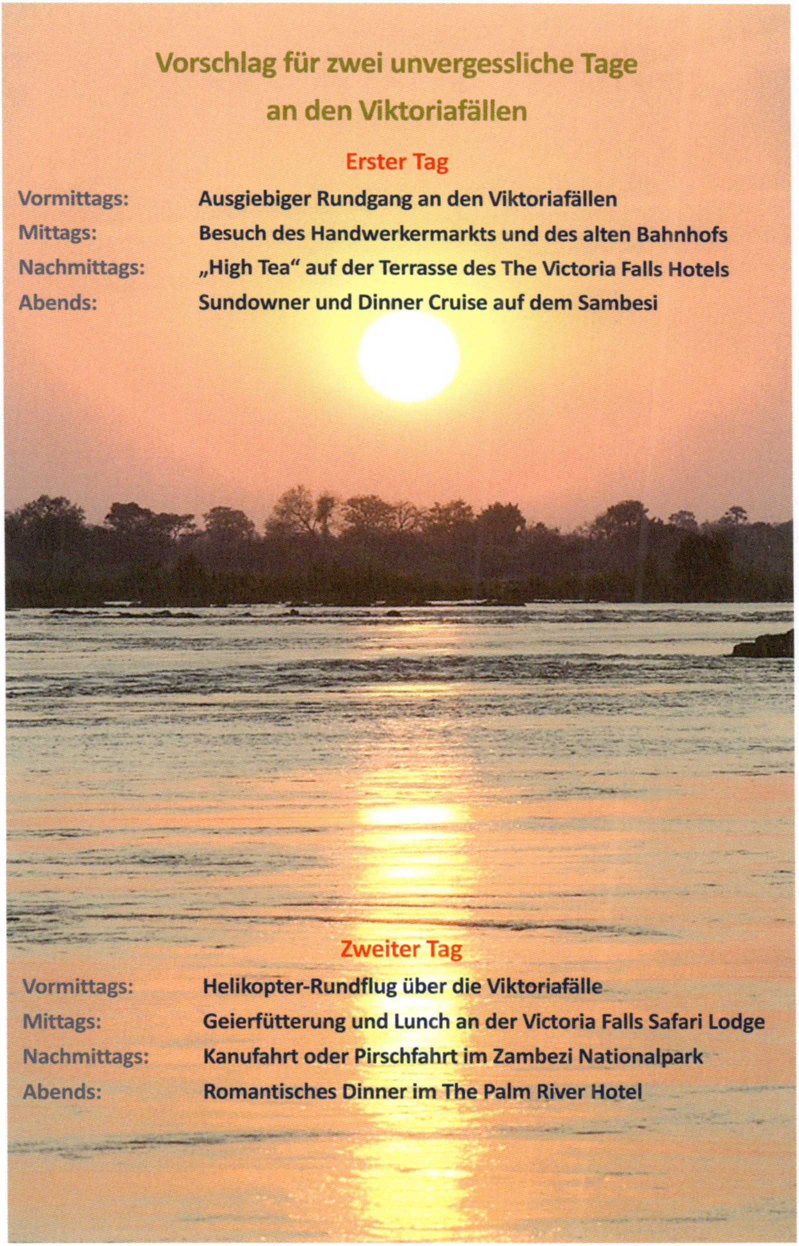

Vorschlag für zwei unvergessliche Tage an den Viktoriafällen

Erster Tag

Vormittags:	Ausgiebiger Rundgang an den Viktoriafällen
Mittags:	Besuch des Handwerkermarkts und des alten Bahnhofs
Nachmittags:	„High Tea“ auf der Terrasse des The Victoria Falls Hotels
Abends:	Sundowner und Dinner Cruise auf dem Sambesi

Zweiter Tag

Vormittags:	Helikopter-Rundflug über die Viktoriafälle
Mittags:	Geierfütterung und Lunch an der Victoria Falls Safari Lodge
Nachmittags:	Kanufahrt oder Pirschfahrt im Zambezi Nationalpark
Abends:	Romantisches Dinner im The Palm River Hotel

The Victoria Falls Hotel

Anfang des 20. Jh. war als Vorläufer des Hotels eine Herberge für die Brücken- und Bahnarbeiter gebaut worden. Sie bestand aus einem einfachen Holzgebäude mit rostigen Eisenträgern und sollte ursprünglich nach Fertigstellung der Brücke wieder abgerissen werden. Doch dann entschied man sich, das Hotel bestehen zu lassen. 1913 wurde es im sogenannten „Edwardinischen Baustil“ zum elegantesten Luxushotel der britischen Kolonien in Afrika umgestaltet. Mit dem zweitägigen Besuch von König Georg VI. und seiner Familie 1947 erlangte das gediegene Haus Weltruhm.

1948 nannte das Union-Castle Line Year Book diese feine Adresse noch als einziges Hotel am Ort. Seine Beschreibung versprach „First-class in every respect“ und „The Hotel is completely mosquito-proofed. Chapel. Open Air Swimming Bath.“ Seit dieser Zeit zählte man das Hotel regelmäßig zu den fünf besten der Welt (oder wenigstens im British Empire). Es war in diesen Jahren in den beiden rhodesischen Kolonien Brauch, Hochzeitsreisen an die Viktoriafälle zu unternehmen, und so waren Flitterwöchner regelmäßige Gäste im Victoria Falls Hotel.

Das Hotelmanagement benützte seit 1920 spezielle hölzerne Passagier-Trolleys, in denen die geschätzten Hotelgäste zwischen dem Hotel und den Fällen bzw. dem Bootsclub befördert wurden. Afrikaner schoben die Trolleys. Vom Hotel zu den Fällen ging es bergab, aber auf dem Rückweg mussten die Männer den Trolley bergauf schieben. In den 30ern und 40ern hatte der koloniale Zeitgeist kein Problem damit. Ab Mitte der 1950er Jahre mehrten sich allerdings die Beschwerden von ausländischen Gästen, die sich empörten, dass das Edelhotel die Männer auf solch erniedrigende Weise schuften lasse. Deshalb zog das Management die Trolleys 1957 aus dem Verkehr und setzte fortan Transferbusse ein. Einen solchen Passagier-Trolley kann man heute noch im Innenhof des Hotels bewundern (Foto unten links). Es heißt, rund zwei Millionen Hotelgäste seien zwischen 1920 und 1957 mit solchen Trolleys befördert worden.

Tatsächlich aber war der Job der „Trolley-Boys“ begehrt unter den schwarzen Jünglingen, denn die Arbeit war stets von kurzer Dauer und versprach ein üppiges Trinkgeld. Daher waren die Trolley-Boys keineswegs glücklich, als ihr Job abgeschafft wurde.

The Victoria Falls Hotel

2 Mallett Drive, Tel. +263-83-244203, +263-772-132175, E-Mail: enquiries@victoriafallshotel.com, reservations@victoriafallshotel.com, www.africansunhotels.com und www.victoriafallshotel.com.

161 Zimmer und Suiten, mehrere Restaurants & Bars, Pool, Tennis.

Das traditionsreiche Kolonialhotel der eleganten Luxusklasse wurde in seiner über hundertjährigen Geschichte mehrfach umgestaltet und modernisiert. Unangefochten verteidigt das Haus seinen Rang als **die** Adresse an den Viktoriafällen. Bereits die Lage ist perfekt, denn dieses Hotel bietet von seiner Terrasse aus einen direkten Blick auf die von Gischt umhüllte Victoria Falls Bridge. Ein hoteleigener Fußweg führt direkt zu den Fällen, und auch in den Ort kann man prima zu Fuß laufen. Die prunkvollen, ausladenden Räumlichkeiten atmen noch den kolonialen Geist und sind mit Gemälden, nostalgischen Fotografien und historischen Landkarten bestückt. Der ganze Komplex strahlt Geschichte und einen starken eigenen Charakter aus. Das Ambiente ist durch und durch gediegen, der Service entsprechend. Eine Residenz für höchste Ansprüche.

Auch wenn Sie hier kein Zimmer beziehen, sollten Sie das ehrwürdige Hotel besuchen. Gönnen Sie sich hier eine Kaffeepause oder ein Mittagessen auf der Aussichtsterrasse!

Preise: ÜF ab 240 US$/DZ und 440 US$/EZ.

Victoria Falls Safari Lodge

Stand 471, Squire Cummings Road, Tel. +263-83-2843202, E-Mail: reswebsite@saflodge.co.zw, www.victoria-falls-safari-lodge.com.

Ganz im Stil einer modernen, rustikal-eleganten Safarilodge beeindruckt diese Anlage mit einer mehrstöckigen Holzkonstruktion im Hauptgebäude, das erhöht am Rande des Zambezi Nationalparks liegt und auf ein eigenes Wasserloch blickt, das vielen Wildtieren als Tränke dient. Das Firstclass-Hotel bietet 72 klimatisierte Zimmer und Suiten, Beauty-Spa, Activity Centre, Pool, Bibliothek, Aussichtsbar, das renommierte Makuwa-Kuwa Restaurant und einen Hide am Wasserloch. In dieser Anlage lassen sich besonders gut die Aktivitäten an den Viktoriafällen mit einem idyllischen Wildlife-Ambiente, Vogel- und ausgiebigen Tierbeobachtungen verbinden. Elefanten, Büffel, Impalas und Warzenschweine sind regelmäßig zu beobachten. Mittags werden die Geier angefüttert, und abends das Wasserloch beleuchtet. Die Zimmer sind ansprechend mit natürlichen Materialien möbliert und blicken alle zum Wasserloch. Von Victoria Falls liegt die Lodge etwa 4 km entfernt.

Preise: ÜF je nach Saison ab 230 US$/DZpP und 235 US$/EZ.

Ilala Lodge Hotel

411 Livingstone Way, Tel. +263-83-2844737–9, E-Mail: onlinereservations@ilalalodge.com, www.ilalalodge.com.

Das heimelige Boutique Hotel gehört zu den ansprechendsten Unterkünften der gehobenen Mittelklasse. Seine Lage zwischen dem Ort und den Viktoriafällen ermöglicht den Gästen, viele Sehenswürdigkeiten zu Fuß zu entdecken. Die Lodge ist ein Tipp für anspruchsvolle Individualisten, die größere Hotelkomplexe meiden wollen. Das geschmackvolle Interieur mit schweren Holzmöbeln, nostalgischen Fotografien und viktorianischen Stichen gibt der Anlage einen elegant-kolonialen Touch. Die 73 Zimmer sind klimatisiert und mit Fernseher und Wasserkocher ausgestattet. Ein klarer Pool neben der Bar im Garten lädt tagsüber zur kühlen Erfrischung ein. Das hoteleigene Palm Restaurant genießt seit vielen Jahren einen ausgezeichneten Ruf. Abends sitzt man hier sehr romantisch bei Kerzenschein und Live-Marimba-Musik im Garten. Die Lodge betreibt außerdem Bush Dinner und Cruises auf ihrem stilvollen Luxusboot Ra-Ikane.

Preise: ÜF ab 235 US$/DZpP und 335 US$/EZ, es werden diverse *Specials* und *Packages* angeboten.

The Palm River Hotel

Parkway Drive, Tel. +263-87-7196873, E-Mail: onlinereservations@palmriverhotel.com, www.palmriverhotel.com.

Unter den großen Hotel von Victoria Falls ist dieses Schwesterhotel des Ilala Lodge Hotels der jüngste Zuwachs und richtig gut gelungen: Unschlagbar schön ist schon seine Lage unter uralten Uferbäumen direkt am Sambesiufer unweit des Nationalparks (einst erstreckte sich hier der beliebte Caravan Park). Warzenschweine, Nilwarane, Meerkatzen und Paviane gehören hier wie die prächtige Vogelwelt praktisch zum Inventar. Die Architektur schmiegt sich bestens in die gepflegte Gartenanlage und spielt mit der kolonialen Vergangenheit. Ein erfrischender Pool, eine offene Bar und ein gepflegtes Restaurant runden das Konzept ab. Mit 73 Zimmern und Suiten, gratis Shuttle-Service nach Victoria Falls und großem Ausflugsprogramm. Dieser Neuzugang ist wirklich gelungen und unser Tipp für Romantiker und Genießer.

Preise: ÜF ab 328 US$/DZpP und 368 US$/EZ, Sonderangebote und Gruppenrabatte sind möglich.

Elephant Hills Resort

328 Parkway Drive, Tel. +263-83-2844793, E-Mail: reservations@ehr.africansun.co.zw, www.elephanthillsresort.com.

Das Resort der staatlichen African Sun-Gruppe und residiert in einem mausgrauen Hotelkomplex auf einem Bergrücken 3 km von Victoria Falls. Die Aussicht über den eigenen Golfplatz zum Sambesi ist super (Foto unten). Früher stiegen hier viele Reisegruppen ab, doch in diesen Tagen verlieren sich die Gäste zumeist in der Anlage mit 276 Zimmern und Konferenzräumen für bis zu 500 Personen.

Preise: ÜF kostet ab 137 US$/DZpP und ab 180 US$/EZ, oft spezielle Sonderangebote.

Pioneers Victoria Falls

Mahogany Road, Tel. +263-787-247838, E-Mail: info@pioneersvicfalls.com, www.pioneersvicfalls.com.

Erst 2021 eröffnetes Mittelklassehotel (Schwesterlodge von Batonka Guest House) mit 50 Zimmern in einer ruhigen Wohngegend, das sich mit kolonialem und zugleich modernem Ambiente, einem schönem Garten/Poolbereich, eigenem Spa und nettem Restaurant besonders an preisorientierte, aktive Touristen wendet (mit Shuttle-Service zu den Fällen).

Preise: ÜF kostet ab 125 US$/DZpP und ab 162 US$/EZ.

A'Zambezi River Lodge

308 Parkway Drive, Tel. +263-83-2844561, E-Mail: reservations.azambezi@rtg.co.zw, www.azambezi-hotel.com.

Das ältere, jedoch renovierte und gemütliche Gartenhotel der staatlichen Rainbow-Gruppe verfügt über 87 Zimmer, einen tollen Garten mit hohen Uferbäumen und Pool und einen der attraktivsten Standorte am Platz, denn es schmiegt sich direkt an das Sambesiufer rund 5 km oberhalb der Fälle. Mittag- und Abendessen werden im halboffenen Restaurant eingenommen, am Abend treten manchmal einheimische Tänzer auf. Nach Victoria Falls wird ein Shuttle-Bus eingesetzt. Alle Zimmer sind klimatisiert und mit Telefon, Fernseher und Wasserkocher ausgestattet.

Preise: ÜF ab 125 US$/DZpP und 180 US$/EZ, Sonderangebote sind auch hier häufig.

Victoria Falls Rainbow Hotel

278 Parkway Drive, Tel. +263-83-2844583, E-Mail: reservations.rainbowvfa@rtg.co.zw, https://rtgafrica.com.

Auch dieses ältere, beengte 2-Sterne-Stadthotel mit Restaurant, Pool, Activity Centre und 88 Balkonzimmern gehört zur staatlichen Rainbow-Gruppe. Bis zur Ortsmitte sind nur 500 m zu laufen, an die Fälle gelangt man nach 2 km.

Preise: ÜF ab 95 US$/DZpP und 95 US$/EZ.

Sprayview Hotel

Livingstone Way/Ecke Reynard Road, Tel. +263-83-2844344, E-Mail: res.sprayview@cresta.co.zw, https://www.crestahotels.com.

Früher bot das Budget Hotel an der Hauptstraße am Ortseingang von Victoria Falls anspruchslosen Gästen den morbiden Charme eines vernachlässigten Etablissements. Dann übernahm die Hotelkette Cresta das Haus und renovierte die 65 ebenerdigen Zimmer rund um den Gartenbereich und Pool. Seither zählt es zur guten Mittelklasse.

Preise: ÜF ab 115 US$/DZpP und 135 US$/EZ.

Batonka Guest Lodge: Off Reynard Road, Tel. +263-83-2847189, E-Mail: Reservations@batonkaguestlodge.com, http://batonkaguestlodge.com.

Das gepflegte und elegante Boutique-Gästehaus mit 22 gediegenen Zimmern, einladendem Pool im großen Garten und gutem Restaurant zählt zu den besten Empfehlungen der Stadt. Der nette Service ist legendär. Ein Tipp für Ruhesuchende mit Anspruch, die eine familiäre Unterkunft den großen Hotels vorziehen.

Preise: ÜF ab 175 US$/DZpP und 226 US$/EZ

Info Das Kingdom Hotel neben dem Victoria Falls Hotel ist geschlossen!

Stanley & Livingstone Boutique Hotel

Old Ursula Road, Tel. +263-83-2841003, E-Mail: mpt@more.co.za, www.stanleyandlivingstone.com.

Inmitten des privaten Wildparks gelingt hier das Klischee vom viktorianischen Afrika. Die gediegene Lodge rund 12 km südlich von Victoria Falls könnte als „die kleine Schwester des The Victoria Falls Hotels mitten im Busch“ durchgehen.

Preise: ÜF ab 405 US$ pP.

Ursula's Homestead

Old Ursula Road, Tel. +263-86-77000457, E-Mail: dionne@stanleyandlivingstone.co.zw, www.ursulashomestead.co.zw.

Im privaten Schutzgebiet des Stanley & Livingstone Boutique Hotels liegt das kleine Gästehaus mit nur vier Chalets an einem eigenen Wasserloch. Ideal für Individualisten und Kleingruppen. Preise: ÜF 90 US$ pP.

Elephant Camp

Wild Horizons, Tel. +263-83-2842279, E-Mail: wilma@wildhorizons.co.za, www.theelephantcamp.com.

Rund 15 km unterhalb der Viktoriafälle befindet sich die exklusive Luxuslodge im privaten Konzessionsgebiet. Sie bietet 12 Zeltchalets sowie vier Suiten mit Pool im „Elephant West Camp“ und setzt ihren Schwerpunkt auf „Elephant Interaction“ mit den hier lebenden Dickhäutern, die auch beim „Reiten auf Elefanten“ eingesetzt werden.

Preise: AI ab 578 US$/DZpP und 578 U$/EZ.

Wallow Lodge

Wild Horizons, Tel. +263-772-249374, E-Mail: info@wildhorizons.co.za, https://wallowlodge.com, www.wildhorizons.co.za.

Die hübsche Safarilodge am Masuwe River unweit der Batoka Gorge ist die neueste Ergänzung von Wild Horizon und richtet sich an nicht ganz so Betuchte wie im Elephant Camp. Viel Wildnischarakter, 16 Zeltchalets mit Außenduschen, ruhig und wildreich.

Preise: AI ab 320 US$/DZpP und 320 U$/EZ.

528 Victoria Falls

528 Victoria Falls, Tel. +263-779-975173, E-Mail: reservations@528victoriafalls.com, www.528victoriafalls.com.

Inhabergeführtes Boutique-Gästehaus mit kunftvollem Dekor und nur sieben Zimmern, eingewachsenem Garten mit Pool und einer "Tree-Top"-Honesty-Bar mit weiter Aussicht. Ruhig am Ortsrand gelegen, familiär und persönlich geführt, kein Restaurant (Foto S. 99).

Preise: ÜF ab 160 US$/DZpP und 205 U$/EZ.

Pamusha Lodge

583 Manyika Road, Tel. +263-83-2841828, E-Mail: david@pamusha.com, www.pamushalodgevicfalls.com.

Legere inhabergeführte Frühstückspension im Wohnviertel von Victoria Falls mit 17 teilweise klimatisierten Zimmern, Pool im schön eingewachsenen Garten und Restaurant. Mit Ausflugsprogramm.

Preise: ÜF ab 75 US$/DZpP und 120 US$/EZ.

Bayete Guest Lodge

584 Manyika Road, Tel. +263-83-2842275, E-Mail: res@bayete guestlodge.com, www.bayeteguestlodge.com.

Das gepflegte inhabergeführte Gästehaus mit 30 Zimmern liegt in einer ruhigen Wohngegend von Victoria Falls. Sehr ansprechend sind der Garten, der große Pool und die Bar.

Preise: ÜF ab 98 US$/DZpP und 130 US$/EZ.

Mbano Manor Hotel

Old Kazungula Road, Tel. +263-78-8928776, E-Mail: res@mbanomanorhotel.com, www.mbanomanorhotel.com.

Der luxuriöse Neuzugang der Accor-Hotels liegt rund 5 km von den Viktoriafällen an der Straße in Richtung Botswana. Preise: ÜF ab 170 US$/DZpP und 260 US$/EZ.

Lokuthula Lodges

Squire Cummings Road, Tel. +263-83-2843202, E-Mail: reservations@saflodge.co.zw, https://lokuthula.com.

Time-Sharing-Anlage mit Selbstversorgerchalets, die auch Touristen mieten können.

Preise: Übernachtung ab 200 US$ pro Nacht.

Safaricamps oder Camping im Zambezi Nationalpark

(Reihenfolge von Ost nach West):

Old Drift Lodge: Tel. +263-83-284479, E-Mail: wilma@wildhorizons.co.za, www.olddriftlodge.com. Wild Horizons eröffnete 2018 die familienfreundliche Safarilodge mit 14 chicken Zeltchalets nahe dem Nationalparkeingang. Preise: AI ab 580 US$.

Victoria Falls River Lodge: Zambezi Crescent, Tel. (SA) +27-87-0210737, E-Mail: reservations@zambezicrescent.com, www.victoriafallsriverlodge.com. Diese Safarilodge ist noch luxuriöser und weiter im Park gelegen, daher auch wildreicher. Neu hinzu gekommen ist die exklusive Dependance auf einer Sambesiinsel. Preise: AI ab 680 US$, in der neuen Island Lodge ab 1120 US$.

Mpala Jena Camp: Tel. (SA) +27-87-3546591, E-Mail: info@greatplainsconservation.com, https://greatplainsconservation.com/safari/mpala-jena. Safari vom Feinsten. Das kleine entspannte Camp mit nur 5 Zeltchalets liegt 16 km innerhalb des Parks und steht für ein eigenes Barfuß-Konzept. Preise: AI ab 840 US$.

Zambezi Sands Camp: Tel. +263-83-2843368, E-Mail: reservations.gbl@batokahospitality.com, https://batokaafrica.com. Diese zehn Wohneinheiten inmitten des Nationalparks sind so gediegen, dass sie fast wie ein Luxushotel anmuten. Preise: AI ab 650 US$.

Matetsi Victoria Falls: Tel. +263-86-77004779, E-Mail: reservations@matetsivictoriafalls.com, https://matetsivictoriafalls.com. Dieses Camp liegt etwa auf halbem Weg zwischen Kazungula/Botswana und Victoria Falls am Westrand des Parks. Preise: AI ab 885 US$.

Bush Camping im Zambezi Nationalpark

Victoria Falls Office: Tel. +263-213-2842294 / 2844566.
Harare Corporate Centre: Tel. +263-242-707624–8,
E-Mail: bookings@zimparks.org.zw
sowie Mrs Choice Mushunje, Customer Services Executive, Tel. +263-772-111836, E-Mail: cmushunje@zimparks.org.zw, www.zimparks.org.

Im Zambezi Nationalpark befinden sich an schönen Uferplätzen die Campsites Picnic Site 10, Chundu I, Chundu II und Siamunungu, welche stets nur an eine einzige Gruppe vergeben werden. Einst waren sie mit Wasseranschluss und Latrinen ausgestattet, doch heute muss man ohne alle Einrichtungen auskommen, die Plätze liegen völlig isoliert und sind auch nicht umzäunt. Sehr zu empfehlen für Leute, die einsame, wildreiche Nächte am romantischen Flussufer dem Rummel in Victoria Falls vorziehen und ohne Sanitäranlagen zurecht kommen. Die Übernachtungspreise setzen sich aus reduziertem Parkeintritt, reduzierter Fahrzeuggebühr und einer Campinggebühr zusammen und betragen lt. offizieller Liste pauschal für zwei Personen mit einem Fahrzeug 65 US$ (SADC-Gäste) bzw. 119 US$ (internationale Gäste); als Walk-in-clients jedoch nur 49 US$ (SADC-Gäste) bzw. 79 US$ (internationale Gäste).

Parkgebühren und Parkbeschreibung: siehe auch S. 72.

Unten: Perfekt gekleidet wartet dieser Reisegast auf den Transfer zur Bootsfahrt auf dem Sambesi

Preiswerte Unterkunft und Camping

Shearwater Explorers Village

Adam Stander Drive, Tel. +263-83-2844471, E-Mail: reservations@shearwatervf.com, http://explorersvillage.com.

Shearwater, eines der größten lokalen Unternehmen für Safaris und Aktivitäten in Victoria Falls, eröffnete in ruhiger Lage hinter dem Elephant's Walk Shopping Centre ein modernes Touristencamp mit 42 Chalets, gefälligem Restaurant- und Poolbereich und einem schattenlosen Campingbereich im Hintergrund mit außergewohnlich großen Stellflächen speziell für Reisegruppen auf Lkws (sog. „Overlander").

Preise: Chalets mit ÜF 80 US$/DZpP und 115 US$/EZ, Zelte 29 US$/DZpP und 40 US$/EZ, Camping 18 US$ pP.

The N1 Hotel (mit Camping)

266 Adam Stander Drive, Tel. +263-83-2845040, E-Mail: vicfalls@n1hotel.co.zw, www.n1hotel.co.zw/victoriafalls.

Das kleine, jugendliche Stadthotel liegt zwischen mehreren Lokalen und dem Souvenirmarkt, auch die Viktoriafälle sind nur rund 1 km entfernt. Hier stehen Doppel- und Mehrbettzimmerzur Auswahl, im Garten kann man beim Pool und Sushi-Restaurant auf einer Wiese campieren. Freitags und samstags ist es hier abends oft sehr laut.

Preise: Übernachtung im DZ ab 40 US$/DZpP, im Dormitory für 20 US$, Camping 10 US$ pP (mit Stromanschluss).

Victoria Falls Rest Camp

Parkway, Tel. +263-83-2840678, E-Mail: reservations@restcamp.com.

Das einst staatliche Rest Camp liegt zentral mitten im Ort; fußläufig ist fast alles erreichbar. Seit der Privatisierung wurden ein Restaurant und ein Pool errichtet. Die älteren Sanitäranlagen bieten heiße Duschen und Stromanschluss. Im weitläufigen Campinggelände gibt es ein paar regensichere Unterstände. Jedoch: Die Invuvu Bar auf dem gleichen Gelände sorgt für viel Unmut. Mehrmals wöchentlich, besonders donnerstags und freitags, schallt die Diskomusik bis tief in die Nacht über den Campingplatz und raubt den Gästen den Schlaf. Deshalb campieren viele lieber im etwas ruhigeren Bereich beim Restaurant. Positiv sind die vielen Tiere im schönen großen Garten.

Preise: Lodges mit Küche / Bad ab 53 US$ pro Nacht. Die Übernachtung im Dormitory wird für 20 US$ pP angeboten; Camping kostet 10 US$ pP plus 8 US$ pro Fahrzeug.

Lorries Bed & Breakfast: 397, Reynard Road, Tel. +263-83-2842139, E-Mail: lorrie@mweb.co.zw, www.lorriesbedandbreakfast.com.

Frühstückspension mit nur sieben Zimmern, Pool und lebhaftem Pub, das besonders beliebt ist bei den Einheimischen.

Preise: ÜF ab 60 US$/DZpP und 75 US$/EZ.

Shoestring Backpackers

12 West Drive, Tel. +263-779-073293, E-Mail: res@shoestringsvicfalls.com, www.shoestringsvicfalls.com.

Die Backpackerunterkunft ist das Mekka jugendlicher Rucksackreisender und bietet alles, was diese Zielgruppe wünscht: Mehrbettzimmer (18 US$ pP), Campinggelegenheit im Hof (10 US$ pP), klimatisierte Zimmer (60 US$ pro Nacht) und Kuppelzelte (40 US$ pro Nacht), eine rege Musik-Bar mit Pizzeria, Pool im Garten, gratis WLAN und Info-Board.

Victoria Falls Backpackers

357 Gibson Road, Tel. +263-83-2842209, E-Mail: info@victoriafallsbackpackers.com, www.victoriafallsbackpackers.com.

Die familiäre, etwas beengte Anlage liegt am ruhigen Ortsrand. Hier stehen Mehrbettzimmer (18 US$), Doppelzimmer (ab 20 US$ pP) und Safarizelte (16 US$ pP) zur Verfügung, außerdem kleine geschotterte Stellflächen für Camper mit eigenem Fahrzeug (8 US$ pP). Im tropischen Garten sind ein Pool, eine Gemeinschaftsküche und eine Bar.

Bilder links und oben: Auf dem baumbestandenen Gelände des Victoria Falls Rest Camps; hier halten sich oft völlig unbeeindruckt Warzenschweine auf
Unten: Die einladende Bar im Boutique-Gästehaus 528 Victoria Falls (S. 96)

Was Sie nicht versäumen sollten

- High Tea auf der Terrasse des The Victoria Falls Hotels mit Aussicht auf die Gischt der Viktoriafälle
- Beim Mittagessen im Makuwa-Kuwa Restaurant in der Victoria Falls Safari Lodge die Geierfütterung beobachten

Ein breites gastronomisches Angebot

Die großen Hotels bieten Buffets, Barbecue oder A-La-Carte-Restaurants, die auch Gästen, die nicht im Hotel residieren, offen stehen (kleine Gästehäuser bieten ihre Gastronomie dagegen nur den eigenen Gästen). Im Ortszentrum entlang dem Park Way in Richtung Souvenirmarkt erstrecken sich mehrere Restaurants, Take-Aways und Bars. Die Preisunterschiede sind niedriger, als man annehmen würde, daher sollte man ruhig die gepflegte Küche der Hotels ausprobieren, wo zum kulinarischen Erlebnis meistens auch ein entsprechendes Ambiente und ein guter Service beitragen.

The Victoria Falls Hotel

„The Livingstone Room" mit Live-Musik im eleganten Hotelgebäude (Tel. 2844490), „Stanley's Terrace" und „Jungle Junction" am Poolbereich im Garten (Tel. 28447519) offerieren kulinarische Genüsse in extravaganter Umgebung. Hier fällt es nicht schwer, emotional in das viktorianische Zeitalter einzutauchen. Das ehrenwerte Hotel ist eine Institution in Victoria Falls, dem jeder Reisende einen Besuch abstatten sollte. Für ein romantisches Dinner zu zweit findet man hier den richtigen Rahmen, doch auch für ein leichtes Mittagessen auf der Aussichtsterrasse, ehe die Nachmittagsaktivitäten beginnen, kann man das Hotel empfehlen. Das Preisniveau unterscheidet sich weniger von anderen Lokalen, als es das feudale Ambiente und der Service vermuten ließen. Vorspeisen liegen bei 10–20 US$, Hauptgerichte mittags bei 15–25 US$, Getränke (Coke, Bier) bei 3–6 US$.

Das Frühstücksbuffet wird an der „Jungle Junction" beim Pool serviert. Hier spielt mittags auch live eine Marimba-Band als Alternative zum Lunch auf der Aussichtsterrasse. Zwischen 14.30 und 17 Uhr ist auf der Terrasse „High Tea" angesagt. Abends gibt es an der „Jungle Junction" Dinnerbuffets. Im „The Livingstone Room" diniert man à la carte bei Pianomusik; es wird dort auch ein feudales Degustations-Menü angeboten (hier herrscht allerdings Jacket-Pflicht).

High Tea – eine Zeremonie mit Flair

Ein traditioneller britischer „High Tea“ im The Victoria Falls Hotel läuft nach einem strengen Zeremoniell ab, bei dem es nicht nur um Tee, sondern durchaus um Perfektion nach feiner englischer Art geht.

Oben: Feine Sandwiches mit Lachs und Gurkenfüllung
Unten: Mr. Robertson serviert

Zunächst reicht der Kellner seinem Gast zur Erfrischung eine feuchte Stoffserviette, die zart nach Pfefferminze duftet. Alsdann serviert er frisch aufgebrühten Tee oder Kaffee und bringt eine dreistöckige Etagere, auf der drei Gänge stilvoll mit den Tees korrespondieren: Sandwiches mit Gurke und Lachs auf der untersten Etage, angewärmte „Scones“ (Teebrötchen) auf dem mittleren Teller, zu denen flüssige Sahne, Butter und Marmelade gereicht werden, und schließlich kleine, auf dem obersten Teller drapierte Miniatur-Kuchen. Eine solche Etagere, „Stand“ genannt, kostet 30 US$ für zwei Personen. Dazu wird Tee in verschiedenen Sorten oder Kaffee gereicht. Die ganze Zeremonie, vom Hotelpersonal mit wahrhaft fürstlicher Ernsthaftigkeit vollzogen, wird durch einen dezenten Pianospieler und die außergewöhnliche Aussicht auf den „Donnernden Rauch“ veredelt.

Makuwa-Kuwa

Das À-la-Carte-Restaurant im luftigen Hauptgebäude der Victoria Falls Safari Lodge bietet einen weiten Ausblick über das Wasserloch. Die Preise sind etwas höher als bei der Konkurrenz (Mittagsgerichte ab 13 US$, Abendessen ab 20 US$), dafür sind die Speisen ideenreich kreiert und hübsch angerichtet. Unser Tipp gilt dem „Coriander Cajun Chicken" zu gekühltem Eistee. Der extra Bonus: jeden Mittag um 13 Uhr gibt es die Geierfütterung (S. 82)! Tel. 071-2207381.

Mama Africa Eating House

Das kleine Restaurant bietet viel afrikanisches Kolorit in einer lockeren Atmosphäre und deftige, fleischlastige afrikanische Küche. Vorspeisen 6–10 US$, Hauptgerichte 12–18 US$, Bier ab 3 US$. Tel. 077-2323025.

The River Brewing Company

Dieses Lokal gegenüber dem N1 Hotel macht Furore: Bis zu zwölf verschiedene Craft-Biere werden hier gebraut und ausgeschenkt, das kleine Blonde schon für 3 US$. Dazu gibt es ein tolles Ambiente, Snacks und Salate, abends oft Livemusik. Tel. 078-2707747.

The Palm River Restaurant

Romantisch und gepflegt speist es sich im neuen Hotel direkt am Sambesi. Die Speisekarte ist reichhaltig und ideenreich, die Preise liegen bei 6–9 US$ für Vorspeisen, 14–16 US$ für Pasta und 18–25 US$ für Hauptgerichte. Tel. 86-77196873.

Pariah State

Die lässige Bar- und Grillkneipe im Park Way gegenüber dem Rest Camp ist eine Empfehlung wert. Die Preise sind moderat (Bier für 2 US$), der Service freundlich. Rustikales Baumhausfeeling inklusive! Tel. 086-77183939.

The Lookout Café

Trendiges Lokal von Wild Horizons mit spektakulärem Ausblick in die 120 m tiefe Batokaschlucht, zudem mit freiem Blick auf die Adrenalin-Aktivitäten. Hier ist meist viel los; in Vollmondnächten wird ein spezielles Dinner arrangiert. Ein echter Tipp! Auch vegane Küche erhältlich. Täglich von 10–21 Uhr, Tel. 083-840318.

Bilder links und rechts oben: Impressionen aus dem Makuwa-Kuwa Restaurant; Rechts: The Brewing Company

Cassia Restaurant

Die gepflegte Ilala Lodge ist eine ruhige Oase mit blühendem Garten. Das Restaurant bietet ein paar Tische im Freien, wo man gemütlich sitzt. Die Mittagsgerichte liegen bei 12–20 US$, Hauptgerichte am Abend bei 20–28 US$ (mit Pianomusik). Wildgerichte sind hier eine Spezialität. Tel. 2844223.

The Boma – Place of Eating

Auf dem Gelände der Lokuthula Lodges gibt es jeden Abend ein viel besuchtes, sehr touristisches Buffet mit afrikanischer Musik und Tanzeinlagen. Tel. 083-2843211, täglich von 19–22 Uhr, eine Reservierung ist ratsam, da hier viele Reisegruppen dinieren. Die Veranstaltung kostet 50 US$, mit Transfers 75 US$. Siehe S. 104/105, www.theboma.co.zw.

The King's Table – House of Zulu

Dieses neue „African Dining Experience" rund 9 km südlich von Victoria Falls an der Straße nach Bulawayo ähnelt der Boma, bietet aber direkte Kontakte zur dörflichen Gemeinschaft und kostet 35 US$. Tel. 338614, https://houseofzulu.co.zw.

Ein Abend im Erlebnisrestaurant „The Boma"

Hier kommt man nicht einfach nur zum Essen her, sondern erlebt (und bezahlt) einen Event: Am frühen Abend rollen die Busse und Taxis auf das Gelände der Boma. Trommler begrüßen die Reisegruppen, und am Eingang bildet sich ein kleiner Stau, weil jedem Gast zuerst ein buntes Tuch umgebunden wird. Viele Gäste bekommen auch schwarze Striche auf die Wangen gemalt. In diesem Outfit betritt man dann den halboffenen Restaurantbereich. Die Tische sind mit bunten Tüchern gedeckt, rustikale Paraffinlampen unterstreichen das Safari-Ambiente à la Hemingway. Kaum hat man Platz genommen, wird als Aperitif ein Schluck traditionelles, süßliches Chibuku-Bier in Emailtassen offeriert. Getrockneter Kapenta-Fisch, Erdnüsse und Kichererbsen helfen, das fremdartige Getränk zu schlucken. Als Vorspeise stehen anschließend stets vier Variationen zur Auswahl, z. B. mariniertes Impala, gefüllte Pilze, Mozzarella-Käse oder Fisch. Danach herrscht Selbstbedienung am Buffet: Suppe, allerlei Salate, diverse gegrillte oder als Eintopf zubereitete Wildfleischvariationen, z. B. mit Büffel- und Antilopenfleisch.

Auf riesigen Grillrosten über offenem Feuer brutzeln Steaks vom Impala oder Warzenschwein, Hühnerteile und Rinderlende. Über eine große Feuerstelle in der Mitte des Raums wurde ein vorgegrilltes Lamm gespannt. Von den gekochten und gesalzenen Mopaneraupen gibt es nur eine unscheinbare Schale. Das reicht offensichtlich auch bei mehr als zweihundert Gästen, obwohl es sogar ein Zertifikat gibt für alle Mutigen, die sich die Raupe in den Mund schieben. Zum Dessert werden Puddings und Crepes serviert. Während des Essens unterhalten gelegentlich Trommler und Tänzer die Gäste, zwischen denen sich auch einige Souvenirhändler ausbreiten. Wahrsager, Haarflechter und ein Künstler, der mit ein paar Pinselstrichen bunte Bilder auf die Gesichter der Gäste zaubert, runden das Spektakel ab. Gegen Ende der Veranstaltung werden Trommeln verteilt und dann wird gemeinsam getrommelt und getanzt.

Fazit: Ein Abend in der Boma ist fester Bestandteil von Gruppenreisen. Das bunte Spektakel und die vermeintlich traditionelle afrikanische Unterhaltung haben aber sehr wenig mit der Realität in den Dörfern zu tun.

Praktische Infos

Fahrräder

Victoria Falls eignet sich ausgezeichnet für Erkundungen per Pedes. Fahrräder werden an mehreren Stellen im Ort vermietet, z. B. beim N1 Hotel (5 US$ pro Stunde).

Gebühren für die Nationalparks

Wer bei einem kommerziellen Reiseunternehmen bucht, muss zusätzlich zu den Ausflugskosten Parkeintritt bezahlen, wenn die Aktivität im Nationalpark stattfindet. Dazu zählen Wildwasser- und Kanufahrten, alle Bootsausflüge, Reiten und Helikopter-Rundflüge. Bei Flügen fallen 15 US$ pP an, bei den anderen genannten Aktivitäten jeweils 10 US$.

Eintrittspreise in den Victoria Falls Nationalpark: Besucher aus SADC-Staaten bezahlen 30 US$, internationale Besucher (Europäer) 50 US$, Kinder jeweils die Hälfte. „Moonlight Viewing" in Vollmondnächten kostet 100 US$ (internationale Besucher) bzw. 70 US$ (SADC-Bürger). Eintrittspreise für den Zambezi NP: siehe S. 72 und 97.

Internet & Telefon

Die meisten Hotels und Restaurants bieten ihren Gästen gratis WLAN. Auch mit einer Sim-Card von Econet und Talk Time kann man günstig nach Hause telefonieren.

Reiseagenturen

Im Zentrum von Victoria Falls reihen sich zahlreiche Reiseanbieter aneinander, außerdem nehmen alle Hotels und Gästehäuser bereitwillig die Reservierung von Ausflügen, Sportaktivitäten, Rundflügen oder Bootsfahrten an. Die meisten Aktivitäten werden mehr oder weniger überall zum gleichen Festpreis angeboten. Interessant werden die unterschiedlichen Nachlässe (Mengenrabatte), sobald man mehrere Ausflüge unternehmen möchte. Hier lohnen sich die Preisvergleiche. Die größten Anbieter sind Shearwater und Wild Horizons.

Taxi

Taxis sind im Park Way auf Höhe der Tourist Info und beim Parkplatz an den Viktoriafällen stationiert. Emmanuel Taxis: Tel. 077-2645104. Die Preise sollten vor der Fahrt ausgehandelt werden, denn es gibt keine Taxameter.
Als Richtlinie gilt pro Strecke:

Fahrten innerhalb der Stadt bzw. zu den Fällen: 5–10 US$

Fahrten zwischen Victoria Falls und dem Zambezi NP/Krokodilfarm: 6–12 US$

Fahrten zwischen Victoria Falls und dem Victoria Falls Airport: 30–40 US$

Fahrten von Victoria Falls nach Livingstone/Sambia und zurück: 40–45 US$

Touristeninformation

In der am Park Way gelegenen Tourist Info gibt es außer bunten Prospekten gelegentlich auch ein paar Landkarten zu kaufen. Die Mitarbeiter sind hilfsbereit bei Fragen oder Schwierigkeiten, jedoch schnell überfordert. Öffnungszeiten täglich von 8–18 Uhr.

Apotheken und Kliniken

Das Chinotimba Medical Centre, Tel. 0771-231234, und die Cimas Healthcare Clinic & Pharmacy, Tel. 083-2840538, liegen südlich der Sawanga Mall. Im Bata Complex rund um den

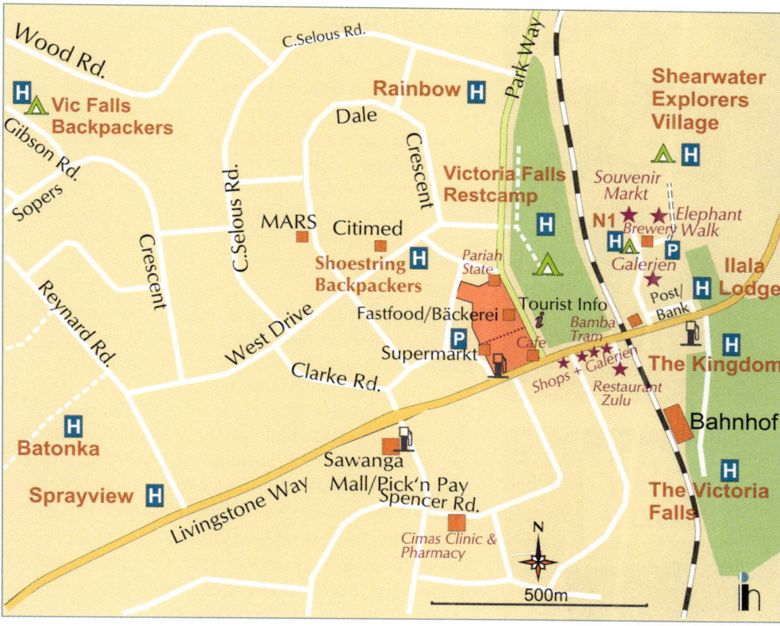

OK Supermarket befinden sich ein paar Arztpraxen, medizinische Labore und Apotheken. Einen Zahnarzt findet man am West Drive, und eine weitere Apotheke in der Sawanga Mall beim Pick'n'Pay Supermarkt.

Touristenpolizei

Victoria Falls hat eine eigene Polizeieinheit für Touristen eingerichtet. Paarweise patrouillieren die uniformierten „Tourism Police"-Beamten von 9–19 Uhr im Ort. Sie sind nicht nur zum Schutz der Besucher ausgebildet, sondern stehen ihnen auch mit Rat und Tat zur Seite und helfen, wenn Straßenhändler oder bettelnde Kinder überhand nehmen. Tel. 083-2844206, 013-42206. 44401.

Zahlungsmittel & Geldwechsel

Die offizielle Landeswährung ist seit 2019 der Zimbabwe Dollar (ZWD), doch ist im Raum Victoria Falls vor allem im touristischen Bereich fast alles in US-Dollar zu bezahlen. Devisen können uneingeschränkt ein- und ausgeführt werden, und es ist sehr ratsam, mit einer ausreichenden Menge US-Dollar in bar einzureisen.

Kreditkarten werden in den meisten Unterkünften, teilweise bei Nationalparkzugängen, in den Supermärkten und Tankstellen akzeptiert, vor allem VISA und Mastercard, selten American Express. Doch ist es nicht sichergestellt, dass die Kreditkartenzahlung immer funktioniert, auch das Abheben von Bargeld an Geldautomaten ist nicht gesichert, da im ganzen Land Bargeldknappheit herrscht.

Einkaufstipps

Souvenirs

Der Freiluft-Souvenirmarkt von Victoria Falls quillt aus allen Nähten und ufert immer mehr aus, weil die wirtschaftliche Not im Rest des Landes höher ist und viele Menschen in der Hoffnung auf ein besseres Auskommen in die Touristenhochburg ziehen. Damit haben sie sich selbst eine immense Konkurrenz geschaffen, und der Tourist staunt inmitten hunderter Steinskulpturen und Holzfiguren, die sich vor ihm ausbreiten.

Neben dem lokalen Handwerkermarkt buhlen zahlreiche Ladengeschäfte um die Aufmerksamkeit der Besucher. Um die Jahrtausendwende entstand an der Southern Africa Gallery ein neuer Ladenkomplex mit modernen hochwertigen Geschäften, in denen Kunsthandwerk, Schmuck, Stoffe und Safarikleidung angeboten werden. Auch beim Craft Market hinter dem Cultural Village laden ein paar Kunstgalerien, die ihre Steinskulpturen außerhalb der Geschäfte aufreihen, zum Schlendern ein.

Im Elephant's Walk Shopping Centre haben sich weitere Läden und Lokale zusammengeschlossen (S. 69). In den Geschäften gelten Festpreise in US-Dollar, auf dem Kunsthandwerkermarkt gilt es dagegen zu handeln.

Die älteren Läden entlang dem Park Way, auf der Höhe von Shearwater, haben das Nachsehen und heutzutage viel weniger Besucher als früher. Ihre Auslagen sind in die Jahre gekommen, viele Geschäfte wurden bereits geschlossen. Übrigens: Die meisten Läden schließen nachmittags bereits um 17.30 Uhr.

Lebensmittel

Beste Lebensmittelversorgung bietet der **Pick'n'Pay Supermarket** in der neuen Sawanga Shopping Mall (mit Puma-Tankstelle, Getränkemarkt, Bank, Apotheke und diversen Läden; täglich von 8–20 Uhr). Der „**OK**"-Supermarkt oberhalb des Soper's Centre öffnet täglich von 8–19 Uhr. und So 8–17 Uhr). Das beste frische Brot vertreibt die Bäckerei „**Haefeli Swiss Bakery**" in der Fastfood-Kette Pizza Inn/Chicken Inn am Park Way, gegenüber dem Rest Camp. In der Shopping Arcade im Bata Complex liegt außerdem der kleine Obst- und Gemüseladen „SevenEleven".

Campinggas auffüllen: In Victoria Falls gibt es zwei Stationen zum Gasauffüllen, beide in der Industrial Area.

- Jureshma Ltd: Tel. 0778-161559, 448 Miles Road.
- Value Gas: Tel. 0773-037897, 34 Poineer Road, GPS-Daten: S 17°56.135, E 25°50.235.

Der bewegte Lebenslauf eines romantischen Künstlers

Thomas Baines wird 1820 im englischen Norfolk geboren und verbringt den Großteil seines Lebens in der Kapprovinz. Er hält sich mit dem Verkauf seiner Ölbilder über Wasser und träumt von abenteuerlichen Entdeckungsreisen. Von 1855 bis 1857 erhält er Gelegenheit, eine Forschungsreise durch Australien zu begleiten. Danach wird er Mitglied der von David Livingstone geführten „Zambezi–Expedition". Doch während dieser Expedition kommt es zu einem Zwischenfall: Livingstones Bruder beschuldigt Baines des Diebstahls, und Baines verlässt daraufhin tief verletzt die Expedition und kehrt nach Kapstadt zurück. Seine Unschuld wird später zwar von David Livingstone zähneknirschend bestätigt, doch haftet Baines die Verleumdung lebenslang an.

In Kapstadt trifft er auf James Chapman, einen erfahrenen Großwildjäger und Händler. Er lässt sich von Chapmans Kalahariberichten begeistern, und bald planen die beiden eine waghalsige Tour: Mit eigens konstruierten Booten wollen sie den Kontinent auf dem Sambesi durchqueren. Der Plan sieht vor, zwei Kupferboote nach Walvis Bay zu bringen, von wo sie mit Ochsenkarren durch die Kalahari nach Pandamatenga und per Lastenträger weiter an den Sambesi transportiert werden sollen. Unterhalb der Viktoriafälle wollen Baines und Chapman ihre Sambesi-Schifffahrt beginnen, die sie nach Quelimane am Indischen Ozean führen soll. Baines und Chapman reisen an den Sambesi und erwarten dort ihre Boote. Währenddessen malt Baines die ersten Bilder von den Viktoriafällen, die ihn später berühmt machen werden. Doch nichts klappt, wie es sich die beiden vorgestellt haben. Der Transport der Boote durch die Kalahari bereitet große Schwierigkeiten. Es dauert fast ein ganzes Jahr, ehe auch nur ein Boot am Sambesi eintrifft. Hier kämpft die Expeditionsgruppe inzwischen mit Malaria und leidet unter den Versorgungsengpässen. Außer Chapman und Baines geraten alle Mitglieder in Streit. Im März 1863 geben die beiden schließlich auf und kehren nach Kapstadt zurück. Ihr großer Traum von den abenteuerlichen Entdeckungen ist endgültig gescheitert. Doch Thomas Baines, der einige Hundert Ölbilder hinterlässt, als er 1875 in Durban stirbt, wird später berühmt als romantischer Maler und Namensgeber der berühmten „Baines Baobabs" in Botswana.

An- und Abreise

Mietwagen

AVIS: Internationaler Flughafen Tel. +263-77-2125146, E-Mail: avisvf@avis.co.zw, www.avis.co.zw.

Europcar: Internationaler Flughafen, Tel. +263-83-2843466, https://www.europcar.com/en/stations/zimbabwe/victoria-falls-airport.

Manapools.com 4x4 Rentals & Self-Drive Safaris: 341 Wood Road, Tel. +263-77-8422185, E-Mail: ant@manapools.com, www.manapools.com.

Flugverbindungen

Der Internationale Flughafen liegt 21 km südlich von Victoria Falls. Im Flughafengebäude reihen sich ein paar Souvenirläden, Mietwagenanbieter, ein Lokal und eine Wechselstube neben die Abfertigungsschalter der Airlines.

Zwischen Johannesburg/Südafrika und Victoria Falls bestehen täglich mehrere Flugverbindungen, ebenso zwischen Johannesburg und Livingstone in Zambia (10 km von den Viktoriafällen entfernt). Ferner bestehen Flugverbindungen nach Maun, Kapstadt, Kasane, Nairobi, Windhoek, Kariba und Hwange. Die Eurowings Discover bietet saisonal Direktflüge von Frankfurt nach Victoria Falls.

Bahn und Bus

Der koloniale Luxuszug Elephant Express fährt gelegentlich zwischen Victoria Falls und Dete (www.imvelosafarilodges.com).

Der Luxuszug Rovos Rail macht auf der Strecke Pretoria–Dar es Salaam ebenfalls Halt an den Viktoriafällen (www.rovos.com).

Die Extra City-Busse fahren ständig zwischen Harare und Victoria Falls. Tel. 077-5205200, www.extracity.co.zw.

Grenzübertritt zwischen Zimbabwe und Botswana

Ausreise nach Botswana: Die 60 km lange, einsame Straße zur Grenze nach Botswana führt durch den Zambezi Nationalpark und das Matetsi Jagdgebiet, daher ist die gesamte Strecke sehr wildreich. Die Grenze ist täglich von 6–20 Uhr geöffnet. Wegen der Touristenströme kommt es hier morgens mitunter zu langen Wartezeiten. Die Touristenhotels in Victoria Falls und Kasane/Botswana organisieren Transfers für Gäste ohne eigenem Fahrzeug. Einreisebestimmungen für Botswana: S. 204.

Oben: Fahrradtaxi an der Victoria Falls Bridge

Grenzübertritt zwischen Zimbabwe und Zambia

Die Grenze zwischen Zimbabwe und Zambia an der Victoria Falls Bridge ist täglich von 6–20 Uhr geöffnet; der Grenzübertritt erfolgt rasch und unproblematisch, denn hier ist man die vielen Grenz-gänger mit Foto- und Filmkamera seit Jahrzehnten gewöhnt.
Die Brücke ist einspurig, eine Ampel regelt den Autoverkehr.

Visa für Zambia sind bei der Einreise am Grenzposten erhältlich (für Deutsche und Österreicher seit 2023 gratis, Schweizer bezahlen 50 US$). Fahrzeughalter benötigen ein Carnet de Passages oder schließen ein Temporary Import Permit ab. Ferner fallen Gebühren für eine Kfz-Haftpflichtversicherung, eine Karbonsteuer und Straßenbenützungsgebühren (Road Fund) an.
Einreisebestimmungen für Zimbabwe: S. 199, für Zambia S. 202.

LIVINGSTONE
Railway Museum
Mosi - oa -Tunya Rd
Protea
Falls Park
Old Farm House Restaurant
Zambezi Way
Courtyard
Royal Sichango
MOSI OA TUNYA NATIONALPARK (Game Park)
Sichango Rd
Chrismar
Maramba Cultural Village
Park Eingang
ZAWA
Batoka Sky
Airstrip
Maramba
Croc Farm
African Queen Bootsanlegestellen
Waterfront
David Livingstone
Maramba
Radisson Blu
Lwanda Island
Baobab
Helicopter Rundflüge
N
500m
Princess Elisabeth Island
Golfplatz
Elephant Hills
Namatobwe Island
MOSI OA TUNYA NATIONALPARK (offenes Gebiet)
Mukuni Village 8km
Princess Helen Victoria Island
Princess Victoria Island
The Royal Livingstone
Lookout Tree
Avani
Rainbow
Ilala
Grenzgebäude
The Kingdom
Taita Falcon Lodge
Grenzgebäude
Victoria Falls
The Victoria Falls
Abseiling und Gorges Swing

Palmgrove Walk heißt der Abstieg in den Boiling Pot, wo sich der tosende Fluss nach den Fällen sammelt und strudelnd durch die Zickzackschluchten drängt. Unterwegs bieten sich dem Besucher ungewöhnliche Ausblicke auf die Schluchten und die Victoria Falls Stahlbrücke.

Ausflug nach Zambia: Viktoriafälle und Livingstone

Einen wirklich guten Gesamteindruck über die Viktoriafälle erlangt man erst, wenn man sie von beiden Uferseiten aus besucht. Das Freizeitprogramm ist auf der zambischen Seite ähnlich wie in Victoria Falls und bietet zusätzlich noch zwei sehenswerte Museen. Auch das Übernachtungsangebot und die Gastronomie sind vielfältig, allerdings liegen die sehenswerten Orte hier weiter voneinander entfernt, sodass der Reisende stärker auf ein eigenes Fahrzeug, Taxis oder Transferdienste angewiesen ist. Auf beiden Seiten stehen an den Grenzen Taxis zur Verfügung. Für die Fahrt zwischen den beiden Grenzposten verlangen sie 10 US$. Wer die zambische Seite der Viktoriafälle als geführten Tagesausflug von Victoria Falls aus buchen möchte, sollte mit Preisen ab 130 US$ pP rechnen.

Besuch der Viktoriafälle

Der Eingang zu den Fällen liegt unmittelbar neben den Grenzgebäuden an der Hauptstraße nach Livingstone. Eintritt pro Besuch (nicht pro Tag): Erwachsene 20 US$, Kinder 10 US$. Kfz-Parkplätze: innen 5 US$, vor dem Gate gratis. Die Öffnungszeiten sind 6–18 Uhr.

Hinter dem Gate gelangt man zum Parkplatz, zahlreichen Souvenirständen und einem kleinen Besucherzentrum (früher Field Museum). Im Ausstellungsraum findet man eine naturgeschichtliche und geologische Sammlung mit einzelnen Steinzeitfunden und Informationen zur Entstehung der Wasserfälle. Die Wände wurden zusätzlich mit allerlei Statistiken und Grafiken beklebt.

Auf der anderen Seite des Parkplatzes markiert ein gemauertes Häuschen den Zugang zu den Fällen (mit einem Kontrollposten).

Das Wegenetz an den Fällen ist etwas kleiner als in Zimbabwe. Der beliebte **Rainforest Walk** führt entlang des Eastern Cataracts über einen sehr schmalen, spektakulären Grat, der **Knife Edge** („Messers Schneide") genannt und von einer eisernen Fußgängerbrücke überspannt wird. Bei Hochwasser bietet dieser Pfad eine sensationelle Dauer-Volldusche. In der dichten Gischt kann man kaum noch etwas erkennen, und es fühlt sich an, als würde man sich mitten im Wasserfall befinden. Manch ein Besucher wagt sich bei diesen Naturgewalten gar nicht über die Brücke. Der Pfad endet schließlich an einem Aussichtspunkt, der dem Danger Point genau gegenüberliegt. Hier blickt man direkt in den tosenden Abfluss des Sambesi, wo sich der Fluss ächzend und strudelnd in die enge Schlucht zwängt.

Sehr dramatisch sind auch die Aussichtspunkte direkt neben der Fallkante des **Eastern Cataracts**, die fotogene Ausblicke in die tosende Schlucht gewähren. Romantischer wird es, wenn man hier ein kurzes Stück flussaufwärts am Ufer des Sambesi weiterläuft. Diese Stelle eignet sich mit ihren vielen breiten Felsen ausgezeichnet, um den stimmungsvollen Sonnenuntergang über den Viktoriafällen zu erleben.

Die anstrengendste Wanderung, **Palmgrove Walk**, führt steil hinab zum Boiling Pot. Der Weg ist unbefestigt und fordert etwas Trittsicherheit und gutes Schuhwerk, weil man am Ende über mehrere große Felsen klettern muss. Die Perspektive vom Grund der Schlucht entschädigt allemal für die Plage, den Steilhang wieder hinauf steigen zu müssen. Von hier aus sieht man die Victoria Falls Bridge, und bei Niedrigwasserstand starten hier auch die Wildwasserfahrten. Bemerkenswert sind die Pflanzen, die sich an diesem Hang ausbreiten.

Der **Bridge Trail Walk** führt nahe der Straße bis kurz vor die Victoria Falls Brücke. Hier dominiert bereits ein Trockenbuschwald, der viel Sonne durchlässt. Paviane trifft man hier öfter als Touristen.

Viel stärker als auf der Zimbabwe-Seite prägen Hoch- und Niedrigwasserstand des Sambesi die visuellen Eindrücke auf der zambischen Seite. Während des Hochwassers ähneln sich die Erlebnisse auf beiden Uferseiten. Doch bei niedrigem Wasserstand, zwischen September und Dezember, verändert sich die Situation in Zambia dramatisch. Je weniger Wasser den Fällen entgegenströmt, umso mickriger werden

Bilder linke Seite: Die Brücke bei Knife Edge und die gepflasterten Fußwege. Paviane am Bridge Trail.
Bild rechts: Aussicht vom Boiling Pot.

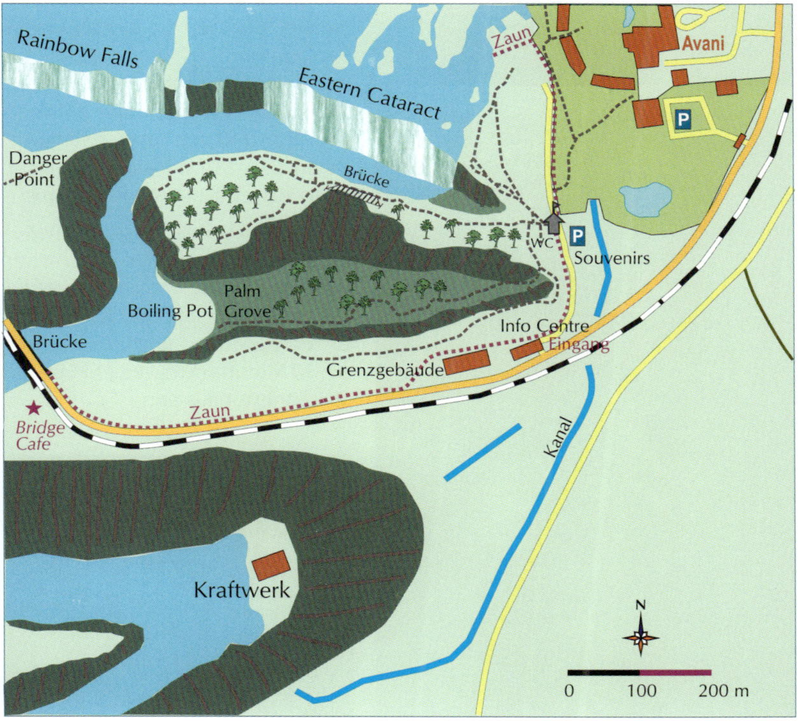

die östlichen Fälle, bis der Eastern Cataract – und später auch noch die Rainbow Falls – nahezu trocken liegen und höchstens noch dünne Rinnsale über die nackte Felswand fließen (Foto unten links).

Zu dieser Jahreszeit wird die zambische Uferseite dem tatsächlichen Ausmaß der Viktoriafälle nicht wirklich gerecht. Es sind einfach keine Fälle da! Doch aus der Not lässt sich eine Tugend machen, und so wurde hier ein Highlight kreiert, wie man es sonst nirgends findet: Wenn die östlichen Fälle trocken liegen, kann man entlang der Fallkante bis **Livingstone Island** laufen. Um dort dann ganz nach Gusto und unter den staunenden Blicken der Zimbabwe-Touristen ein Bad im Devil's Pool zu nehmen (Foto links), der direkt an der Fallkante liegt, oder einfach nur, um einen kühlen Drink zu genießen und sich vorzustellen, wie David Livingstone an ebendieser Stelle einst gestanden haben mag.

Tongabezi Safaris hat das Monopol für diesen Ausflug. Man darf ihn nur mit einem Guide unternehmen und bezahlt je nach Tageszeit ab 110 US$ für das Erlebnis. Rechnen Sie mit 20–30 Minuten Fußweg pro Strecke bis Livingstone Island.

Sehenswertes in Livingstone

Livingstone Museum

Das Museum ist in mehrere Bereiche unterteilt. Ausgiebig widmet sich die Ausstellung der Entwicklungsgeschichte des Menschen und der afrikanischen Naturgeschichte. Im Innenhof des Gebäudes stehen Gemälde zum Verkauf. Eine Wechselausstellung beschäftigt sich mit zeitgenössischen Themen. Dann folgt der interessanteste Themenschwerpunkt: Die frühen Forschungsreisenden Afrikas, eine ganze Abteilung über David Livingstone, zahlreiche Relikte aus der Vorkolonialzeit, amtliche Belege und zeitgenössische Dokumente aus der britischen Kolonialzeit. Aufschlussreich wendet sich die Sammlung dem politischen Erwachen der Afrikaner zu, veranschaulicht mit Zeitungsausschnitten und Fotos den Geist der zambischen Unabhängigkeitsbewegung und die Jahrzehnte danach. Dem Museum gelingt es, einen abwechslungsreichen Bogen zu spannen von der Frühzeit bis in das 21. Jahrhundert.

Info Das Museum ist täglich von 9–16.30 Uhr geöffnet. Eintritt 5 US$, Kinder 3 US$.

Railway Museum & Jewish Museum

Für Bahnfreaks ein Muss: Hier wird neben alten Dampfloks, einem Sammelsurium alter Schilder und zahlreichen Utensilien sehr lebendig die Geschichte der Eisenbahn in Zambia gezeigt. Zudem beherbergt das Museum eine sehr interessante Ausstellung über die jüdische Gemeinde Livingstones. Das Museum liegt an der Chishimba Falls Road und ist täglich von 8.30–16.30 Uhr geöffnet. Der Eintritt beträgt 15 US$, für Kinder die Hälfte.

Rundgang durch die Altstadt

Bis 1935 war Livingstone die koloniale Landeshauptstadt und viele historische Gebäude aus den Jahren 1900 bis 1930 erinnern noch an diese betriebsame Zeit. Die Altstadt liegt im Viereck zwischen dem Postamt, dem Town Market, dem 1909 eröffneten North Western Hotel und dem John Hunt Way. Manche Gebäudekomplexe und Straßenzüge verdienten es, besser gewürdigt und restauriert zu werden, doch dämmern sie alle mehr oder weniger vergessen vor sich hin. Wer sich auf Spurensuche begeben möchte, sollte durch den John Hunt Way schlendern, wo noch viele sehenswerte Gebäude stehen wie die zierliche St. Andrew's Church und das Backsteingebäude des städtischen Krankenhauses „Municipal Clinic", das 1921 als Stadtbücherei eröffnet worden war. Die Hauptstraße Mosi-oa-Tunya Road flankieren größere, mit Säulen und Rundbögen verzierte Gebäude. Hier ragen als historische Denkmäler die Geschäftshäuser der Barclays Bank und Finance Bank heraus, das Stanley House von 1928 und das viktorianische Capitol Theatre aus dem Jahr 1931, das für Jahrzehnte zum Mittelpunkt des gesellschaftlichen Lebens wurde. Parallel zur Hauptstraße verläuft der Kuta Way. Er wurde einst als Straße der indischen Händler „Bombay Alley" genannt.

Die Safarilodges unternehmen mit ihren Gästen geführte Touren durch Livingstone. Auch Reiseanbieter wie Winning Tours & Travel bieten Stadtrundfahrten mit einem Stopp beim Museum und Souvenirmarkt an.

Von oben: Municipal Clinic, nostalgisches Hotelschild, Capitol Theatre, Livingstone Golf Club.

Livingstone
Lusaka
Waswange
Airport Rd.
Zambia Youth Ave.
Mushili Way
Kashitu St.
Obote Ave.
Mose Street
Nehru Way St.
Maamba Rd.
Likute Way
John Hunt Way
Katete Ave.
Nioko Rd.
Mwela St.
Road
Makoma Rd.
AirportRd.
The Rite Inn
Fairmont
Tunya
Kuta Way
Chimwemwe Way
Maisoko Street
General Hospital
Akapelwa Street
Craft Market
oa
Batoka Hospital
Shafiks Clinic
Maramba Rd.
Ghandi Ave.
Mutelo Street
Post
Mosi
Kapufi Ave.
Chisamba Way
Jolly Boys
Likute Way
SPAR
Senanga Rd.
Kazimula Ave.
Kanyanta Rd.
Museum
Tourist Info
Market
Dombe Drive
Macha Ave.
Makombo Rd.
Chipembi Road
Kabompo Rd.
Golf Club
Kazungula
Nakatindi Rd.
Shoprite
Olga's The Italien Corner
Adventure Centre+Fawlty Tower
Restaurant Sea Spice
Zambezi Jewels Craft Shop
Kafuba Rd.
Nkumbi Rd.
Chitimukulu Rd.
Limulunga Rd.
Mosi - oa - Tunya Road
Railway Station
Nsansa Rd
Chishimba Falls Rd.
Golden Leaf Restaurant
N
Railway Museum
0
500
1000 m

1933
KONICA
THE PRINT SHOP LTD.
Photo Express
FALLS MEATS BUTCHERY
WIDENCY
AUTO SPARES

Lookout Tree

An der Straße zum Mukuni Village ragt ein riesiger Baobab aus der trockenen Buschlandschaft. Eine steile Eisentreppe führt hinauf zu einer Plattform in seiner Baumkrone, von der die Sicht bis zu den Viktoriafällen reicht. Zahlreiche eingravierte Initialen zeugen von den vielen Besuchern, die diesen Lookout Tree in den vergangenen Jahrzehnten besucht haben.

Oben: Viele Besucher haben sich in der Rinde des Baobabs verewigt

Gwembe Crocodile Park

Auch auf zambischer Seite der Viktoriafälle gibt es eine Krokodilzuchtfarm, die Touristenführungen organisiert. Sie liegt zwischen den Fällen und der Stadt Livingstone beim Maramba River. Eine Führung dauert etwa 45 Minuten und zeigt neben den verschiedenen Lebensstadien der Reptilien auch eine ganze Reihe heimischer (Gift-)Schlangen. Im Garten werden Erfrischungsgetränke angeboten. Tipp: Jeden Sa/So findet um 15 Uhr die Fütterung der Krokodile statt.

Kontakt: Gwembe Safaris, Mosi-oa-Tunya Road, Tel. 0213-321733. Öffnungszeiten: täglich von 8–17 Uhr. Eintritt: Erwachsene 10 US$, Kinder 5 US$.

Dorfbesuch im Mukuni Village

Oben: Handwerkermarkt im Dorf Mukuni. Unten: Tänzer im Maramba Village

9 km südlich von Livingstone liegt das Dorf Mukuni, in dem seit Generationen der Palast des Königs der Leya liegt. Es ist ein besonderes Verdienst Zambias, dass seine 72 ethnischen Gruppen ihre traditionellen Hierarchien mit Königen, Chiefs und Senior-Chiefs beibehalten haben. Chief Mukuni, das Oberhaupt der Leya, vererbt diese Würde linear weiter an den ersten Sohn, den er im Palast gezeugt hat. Söhne aus den Jahren zuvor, als der Chief noch Anwärter auf den Thron war, haben keinen Anspruch auf die Erbfolge. Der derzeit regierende Chief Mukuni gilt als moderner Geschäftsmann, der seine Untertanen in dem Bemühen unterstützt, am Tourismus zu partizipieren, und so geriet Mukuni Village rasch auf die touristische Landkarte Livingstones. Hotels und Reiseunternehmen integrieren den Dorfbesuch in ihr Ausflugsprogramm. Ein wenig Geschichte ist auch dabei: In der Dorfmitte steht ein großer, alter Baum, unter dem schon David Livingstone 1855 mit dem damaligen Mukuni zusammengesessen haben soll. Eine Village Tour kostet 5 US$ Eintritt. Mehrere Fremdenführer stehen bereit, um die Gäste bei ihrem Rundgang durchs Dorf zu begleiten. Sie sind hilfreich, um Alltagsgegenstände und typische Beschäftigungen im zambischen Dorfleben zu erklären und mindern zugleich die Hemmschwelle für viele Besucher, erwarten dafür aber eine Entlohnung. In der Mitte des Dorfes befindet sich neben dem umfriedeten Palast ein Handwerkermarkt. Hier vertreiben die Leya hauptsächlich Holzschnitzereien, die sie seit vielen Jahrzehnten kunstfertig herstellen. Zudem ergänzen sie ihr Warenangebot mit Halsketten, Steinfiguren, Stoffbatiken und Bastkörben. Das Angebot ähnelt dem an den Viktoriafällen, doch beteuern die Handwerker gerne, dass hier Erzeugerpreise und nicht Touristenpreise verlangt werden.

Traditionelle Tanzvorführungen im Maramba Cultural Village

Im Kulturzentrum an der Sichango Road finden jeden Sa/So von 15–17 Uhr traditionelle Tanzvorführungen statt, die sich nicht nur an Touristen richten. Eintritt: 3 US$.

Mosi-oa-Tunya Game Park (MOT)

Zambias kleinster, jedoch meistbesuchter Nationalpark umfasst mit 66 km² Fläche einen rund 30 km langen Landstreifen zwischen dem Sambesi und Livingstone. Oberhalb der Wasserfälle schmiegt sich der umzäunte Tierpark an das herrliche Sambesiufer. Obwohl er relativ klein ist, besticht der Park durch eine wunderschöne Ufervegetation und viele recht zutrauliche Tiere. Eine Pirschfahrt entlang der alten Uferstraße, wo immer wieder der Blick zwischen den Ilalapalmen hindurch auf den trägen Sambesi fällt, ist ein Genuss für die Sinne. Im Park leben Büffel, Giraffen, Zebras, Gnus, Impalas, Buschböcke, Warzenschweine, Paviane und Meerkatzen. Während der Trockenzeit wandern Elefanten zwischen Zambia und Zimbabwe durch den Fluss, für Hippos und Krokodile gelten sowieso keine Staatsgrenzen. 1996 nahm der Wildpark ein paar südafrikanische Nashörner auf, die trotz aller Bemühungen, sie durch eine „Enthornung" oder durch die „Rund-um-die-Uhr-Bewachung" zu schützen, zum Teil gewildert wurden oder verunglückt sind. Die verbliebenen Breitmaulnashörner darf man in Begleitung der Wildhüter besuchen.

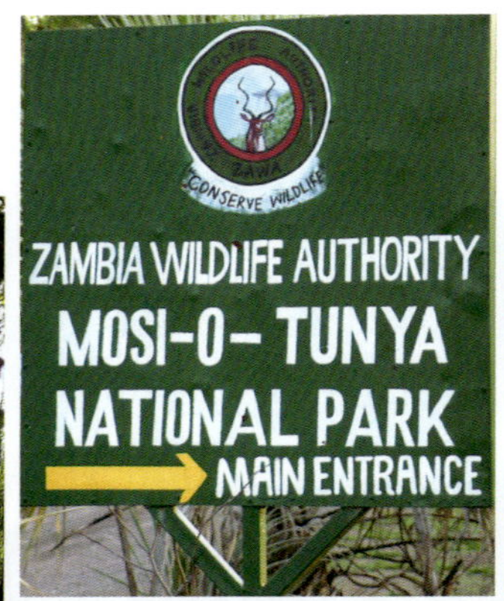

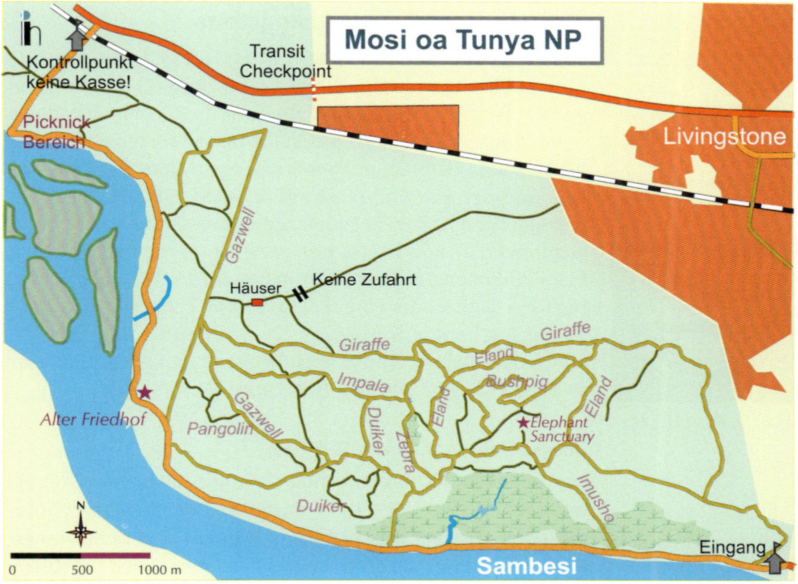

Für historisch Interessierte: Hier begann Ende des 19. Jh. die europäische Besiedlung dieser Region. Mitten im Park sind noch die alte Furt, Old Drift, und der alte Friedhof aus den Pioniertagen zu erkennen.

Der Picknickplatz am westlichen Rand des Wildparks bietet sich mit seinen Uferfelsen hervorragend für einen stimmungsvollen Stopp zum Sonnenuntergang an. Vorsicht ist allerdings geboten, denn hier sind mehrfach Diebstähle gemeldet worden.

Parköffnungszeiten: Täglich von 6–18 Uhr. Eintritt: 15 US$ für Selbstfahrer und Fahrzeuge, jedoch nur 10 US$ für internationale Gäste auf geführten Ausflügen (ansässige Agenturen bieten Pirschfahrten ab 65 US$ pP an) sowie 5 US$ für Residents und SADC-Bürger.

Bilder S. 124/125: Impressionen aus dem Game Park. Rechts oben: Der Friedhof an der Old Drift.

Freizeitaktivitäten in Livingstone

Rundflüge im Helikopter kosten 195 US$, im Ultraleichtflugzeug 185 US$ (jeweils für nur 15 Minuten)

Die Freizeitaktivitäten zu Wasser, in der Luft und die Adrenalin-Spritzen (Bungee Jump, White Water Rafting) entsprechen genau denen von Victoria Falls, sind in Zambia allerdings etwas teurer. So kosten die Wildwasserfahrten in Zambia ab 140 US$, halbtägige Kanufahrten auf dem Sambesi 125 US$ und der Hochseil-Sport mit Abseilen 170 US$. Wildtierbegegnungen: Safari Par Excellence organisiert behutsame Begegnungen und gemeinsame Spaziergänge mit den Elefanten beim „Elephant Café", wo man im Beisein der Tiere auch einen High Tea, Lunch oder Fine Dining erleben kann. Die „Elephant Interaction" kostet 90 US$ pP, für den Besuch mit High Tea, Lunch oder Dinner sind je nach Tageszeit und Anreisetransfer zwischen 155 und 240 US$ zu berappen.

Bootsausflüge auf dem Sambesi

Tipp für die Aktivitäten in Zambia: Wegen des grandiosen Farbspiels der im Westen untergehenden Sonne empfehlen wir, den Besuch der Viktoriafälle, Pirschfahrten und Bootsausflüge in die späten Nachmittagsstunden zu legen.

Das Angebot der Bootsausflüge ist am zambischen Ufer etwas vielfältiger. Hier gibt es moderne, kleine Motorboote, die auch im Flachwasser fahren können und daher einen größeren Radius für ihre Ausflüge haben. Diese Fahrten – morgens, mittags und besonders nachmittags – werden ab 50 US$ angeboten.

Ein beliebtes Highlight stellt die Bootsfahrt mit dem legendären Fahrgastschiff „African Queen" dar. Der Motorkatamaran mit dreistöckigem Tragdeck ist weit und breit die imposanteste Erscheinung auf dem Sambesi und kann bis

zu 100 Gäste aufnehmen. Edles Interieur und Tische aus dunklem Teakholz schmücken die offenen Aussichtsdecks. Eine gut bestückte Bar, dienstfertiges Personal mit Tabletts voller schmackhafter Snacks und fetzige Marimba-Live-Musik halten die Gäste niveauvoll bei Laune, während der Katamaran auf dem Sambesi schippert. Die Inszenierung des afrikanischen Klischees gelingt dabei recht glaubwürdig, und die Preise liegen bei 75 US$ pP.

Das kleinere Schwesterschiff „African Princess" hat Platz für 70 Gäste und wird preisgleich vermarktet. Alle Ausflugsfahrten finden bei Bedarf morgens, mittags und nachmittags statt, wobei die Sundown Cruises unangefochten der Publikumsliebling sind. Im Preis sind die Transfers, Getränke und Snacks enthalten.

Bilder rechts: African Queen, das nobelste Schiff am zambischen Ufer

Unterkunft in Livingstone und Umgebung

Die Stadt Livingstone verfügt über zahlreiche Gästehäuser, Privatpensionen und Hotels. In der weiteren Umgebung wird das Übernachtungsangebot durch Touristenunterkünfte ergänzt, die alle Preisklassen zwischen legeren Campingplätzen, komfortablen Zeltchalets und eleganten Luxuslodges abdecken. Einen aktuellen Überblick bietet die Website www.livingstonetourism.com. Wir beschränken uns auf eine überschaubare Auswahl touristisch relevanter Angebote nahe der Viktoriafälle.

Stadthotels

Protea Hotel by Marriott Livingstone

Tel. +260-213-324630, Mosi-oa-Tunya-Road, E-Mail: reservations@phlivingstone.co.zm, www.marriott.com.
Modernes, etwas beengtes Hotel südafrikanischen Stils mit 80 klimatisierten Zimmern an der Straße zu den Viktoriafällen.
Preise: ÜF ab 120 US$/DZpP.

Fawlty Towers Backpackers

Tel. +260-213-323432. Mosi-oa-Tunya Road, E-Mail: info@adventure-africa.com, www.adventure-africa.com. Jugendliche Backpackerlodge mit großem Garten, Pool, lebhafter Bar und eigener Werkstatt.
Preise: Übernachtung im Schlafsaal ab 12 US$, ÜF im Doppelzimmer 28–43 US$ pP.

Jolly Boys Backpackers

Tel. +260-213-324229, Kanyata Road, E-Mail: res@backpackzambia.com, www.backpackzambia.com.
Backpackerlodge mit engagiertem Service, lockerer Atmosphäre, schönem Pool/Garten.
Preise: Übernachtung im Schlafsaal 20 US$ pP, im Doppelzimmer 28–40 US$ pP.

In der Peripherie von Livingstone

Während in Zimbabwe der Uferstreifen unter Schutz steht und deshalb mit wenigen Ausnahmen keine Hotels direkt an den Sambesi gebaut werden durften, reihen sich in Sambia zahlreiche Resorts an das Flussufer.

Zambezi Waterfront

Tel. +260-213-320606, E-Mail: waterfront@safpar.com, www.safpar.com.
Legere, weitläufige Mittelklasseanlage für den modernen Reisenden am Ufer des Sambesi. Unterschiedlich ausgestattete Chalets und Mietzelte reihen sich im Palmengarten neben die Campingparzellen. Mit Restaurant, Bar, Pool und Activity-Centre.

Preise: ÜF ab 100 US$/DZpP, Mietzelte ab 30 US$/DZpP, Camping 15 US$ pP.

Baobab Camp & Cottages

Tel. +260-97-7873863, E-Mail: info@uaczam.com, http://uaczam.com.
Auf dem United-Air-Charter-Gelände befindet sich auf halbem Weg zwischen Stadt und Viktoriafällen ein gepflegter, umzäunter Campingplatz mit Ferienhäusern zur Selbstversorgung. Kein Restaurant.

Preise: Chalets ab 100 US$/Nacht, Mietzelte 30 US$ pP, Camping 15 US$ pP.

Maramba River Lodge

Tel. +260-213-324189,
E-Mail: reservations@marambariverlodge.com, www.maramba-zambia.com.
Romantische, frisch renovierte Anlage am Maramba River mit luxuriösen Chalets und Safarizelten. Familienfreundlich.

Preise: ÜF in den Chalets 335 US$/DZpP, in den Zelten von 172–280 US$/DZpP.

David Livingstone Safari Lodge & Spa

Tel. +260-095-0368484,
E-Mail: res@anthology.co.za,
https://thedavidlivingstone.com.
Lebhaftes Wellness-Ferienhotel mit 77 geschmackvollen Zimmern und Spabereich. Schöner Garten, der Pool grenzt hier unmittelbar an den Sambesi; leider gibt es auch viele Moskitos. Siehe Foto links.

Preise: ÜF ab 239 US$/DZpP und 355 US$/EZ.

Tongabezi Lodge & Sindabezi Island

Tel. +260-97-9312766, E-Mail: reservations@greensafaris.com, www.greensafaris.com.
Die traditionsreiche Luxusherberge liegt 20 km flussaufwärts am Sambesi und ist eine der feudalsten Adressen am Platz. Die individuellen Chalets verteilen sich auf dem Festland und auf der Sambesiinsel Sindabezi.

All-Inclusive-Preise: ab 815 US$ pP (Tongabezi) und 650 US$ (Sindabezi).

Camp Nkwazi

Tel. +260-97-3048830, E-Mail: info@campnkwazi.com, www.campnkwazi.com.
22 km flussaufwärts liegt am Sambesi eine idyllische, beschauliche Unterkunft. Die Campingstellflächen zählen zu den bestausgestatteten der Region, liegen aber nicht am Flussufer. Sehr gute Küche!

Preise: Chalets zur Selbstversorgung 135 US$/DZpP und 160 US$/EZ, Camping 25 US$ pP.

Radisson Blu Resort

Tel. +260-63-0373250,
E-Mail: Info.livingstone.zambia@radissonblu.
Neu eröffnetes Luxusresort in Top-Lage im Nationalpark nahe der Fälle gelegen. Ein sehr modernes Hotel (siehe Foto unten).

Preise: ÜF ab 190 US$/DZpP und 380 US$/EZ.

Direkt neben den Viktoriafällen teilen sich zwei Schwesterhotels die allerbeste Lage. Wer hier residiert, kann beliebig oft ohne Eintrittsgebühren die Wasserfälle besuchen, weil Hotelgäste freien Eintritt erhalten und einen direkten Zugang haben:

Avani Victoria Falls Resort

Tel. + 260-213-321122, Mosi-oa-Tunya Road, E-Mail: victoriafalls@avanihotels.com, www.avanihotels.com/en/victoria-falls. Das weitläufige Resort der gehobenen Mittelklasse mit großem Garten- und Poolbereich bietet Reisegruppen ansprechende Unterkunft im maurischen Stil-Mix.

Preise: Ü ab 90 US$/DZpP und 180 US$/EZ.

The Royal Livingstone Resort by Anantara

Tel. + 260-76-8850446, Mosi-oa-Tunya Road, E-Mail: royallivingstone@anantara.com, http://royal-livingstone.anantara.com. Gediegenen Luxus und eine angenehm ruhige Atmosphäre finden Reisende in den 173 eleganten Zimmern des Schwesterhotels. Abends mit gedämpfter Live-Musik.

Preise: Ü ab 245 US$/DZpP und 485 US$/EZ.

Waterberry Zambezi Lodge

Tel. +260-97-4399737, E-Mail: reservations@waterberrylodge.com, www.waterberrylodge.com.

Idyllische Bungalows 27 km westlich von Livingstone direkt am Sambesi gelegen, ein Tipp für anspruchsvolle Individualisten.

Preise: All-Inclusive ab 546 US$ pP.

Toka Leya Camp

Wilderness Safaris, Tel. +260-213-327109, E-Mail: tokaleyacamp@gmail.com, www.wilderness-safaris.com.

Luxuszeltcamp am Sambesi rund 12 km von Livingstone, das eine stimmungsvolle Safari-Atmosphäre verströmt.

Preise: All-Inclusive ab 750 US$ pP.

The River Club

Nakatindi Road, Tel. +260-21-1391051, E-Mail: reservations@theriverclubzambia.com, www.theriverclubafrica.com.

Elf elitäre und sehr gediegene Chalets im britischen Kolonialstil, 15 km flussaufwärts am Sambesi gelegen. Grandioser Pool.

Preise: All-Inclusive ab 668 US$ pP.

Islands of Siankaba

Nakatindi Road, Tel. +260-213-327490, E-Mail: siankaba@siankaba.net, www.siankaba.net.

Luxus vom Feinsten findet man in diesem beschaulichen Inselcamp mit einem Spa-Bereich und erstklassigem Service.

Preise: All-Inclusive ab 575 US$ pP.

Das gastronomische Angebot

Das gastronomische Angebot ist vielfältig, denn neben den Lokalitäten in den Hotels befinden sich im Stadtgebiet zahlreiche Restaurants. Wir empfehlen als lässigen städtischen Treffpunkt "Olgas Italian Corner" neben dem Shoprite-Komplex (echte Holzofenpizza in netter Atmosphäre). Romantiker kehren im kolonialen, eleganten "Royal Livingstone Hotel" ein. Ein Touristenspektakel mit traditionellen Tänzen findet samstags in der Boma im Garten des Avani Resort statt, wo man zudem auch üppige Buffets im Hauptrestaurant genießen kann. Mittags bietet hier die Poolbar zur Marimba-Livemusik schmackhafte leichte Gerichte wie den aromatischen *Nibblers' Plate*, während im Hintergrund entspannte Zebras, Impalas und vereinzelt Giraffen durch das Gartengelände laufen.

Für einen Sundowner gibt es keine bessere Lage als die große Bar der Zambezi Waterfront, denn hier blickt man direkt über die Hippos und Boote im Fluss in das Abendrot. „The Golden Leaf" am südlichen Stadtrand in Richtung Viktoriafälle ist ein Tipp für Freunde der Indischen Küche.

Praktische Infos

Orientierung in Livingstone

Livingstones älteste Straße und zentrale Lebensader ist die Mosi-oa-Tunya Road, auch Main Road genannt. Nach Süden führt sie direkt zu den 10 km entfernten Viktoriafällen und nach Zimbabwe. In entgegengesetzter Richtung führt sie in die Landeshauptstadt Lusaka. Die wichtigste Querverbindung heißt Nakatindi Road und verlässt Livingstone parallel zum Sambesi in Richtung Sesheke nach Westen. Über die Sichango Road gelangt man zu den Bootsanlegestellen und zum Mosi-oa-Tunya Nationalpark.

Zahlungsmittel und Geldwechsel

Banken mit Geldschalter findet man beim Shoprite Shopping Complex, beim Avani Victoria Falls Resort und in der Mosi-Oa-Tunya Road in Stadtmitte auf Höhe der Post. Vorsicht: Tauschen Sie in Livingstone kein Geld auf der Straße, denn es besteht ein hohes Betrugsrisiko! Für einen Kurzaufenthalt in Livingstone ist es auch nicht unbedingt notwendig, Zambia-Kwacha einzuwechseln; man kann hier nahezu alles auch mit US-Dollar bezahlen.

Touristeninfo & Reiseagenturen

Gegenüber dem Eingang des Livingstone Museums befindet sich eine freundliche Touristeninformation. Öffnungszeiten: Mo–Fr von 8–13 Uhr und 14–17 Uhr, Sa 9–12 Uhr, Tel. 0213-321404. Aktivitäten und Ausflüge lassen sich unkompliziert in den Hotels und bei örtlichen Reiseagenturen buchen; fast immer sind die Transfers inklusive.

Livingstone's Adventure: Tel. 0213-323589, www.livingstonesadventure.com.

Bundu Travel: Tel. 0978-770175, www.bunduadventures.com.

Bushtracks Africa: Tel. 0213-323232, www.bushtracksafrica.com.

Safari Par Excellence: Tel. 0213-320606, http://safpar.com.

Winning Tours & Travel: Tel. 0977-687063, www.zambiasafariswtt.com.

Taxi

Zambische Taxis erkennt man an der gestreiften Lackierung. Fahrten innerhalb Livingstones und zwischen der Stadt und den Viktoriafällen kosten 10–20 US$. Da es keine Taxameter gibt, sollten die Preise vor der Fahrt unbedingt ausgehandelt werden.

Einkaufstipps

Lebensmittel

Angenehme Einkaufsmöglichkeit mit sicheren Parkplätzen findet man beim Shoprite Shopping Centre im Zentrum, nicht jedoch beim SPAR-Supermarkt im Stadtzentrum. Beim Shoprite Shopping Centre befinden sich außerdem eine Apotheke, Boutiquen, Souvenirläden, Bankschalter, Einkehrmöglichkeiten und öffentliche Toiletten.

Souvenirs

Wer Kunsthandwerk und Souvenirartikel sucht, begibt sich entweder zum zentral gelegenen „Craft Market" in der Mosi-oa-Tunya Road, dem nur wenig kleineren Ableger am Eingang zu den Viktoriafällen (Foto links), oder besucht den Handwerkermarkt im Mukuni Village (siehe Seite 123).

An- und Weiterreise

Mietwagen

Am Flughafen befinden sich Zweigstellen von AVIS, Tel. 0213-323122, und Travel & Tours Voyagers, Tel. 0213-322753. Hemingways Zambia bietet Allradfahrzeuge mit Dachzelt und Campingausstattung, Tel. 0977-866492, www.hemingwayszambia.com.

Busse

Expressbusse befahren die Strecke Livingstone – Lusaka mehrmals täglich in beiden Richtungen. Die rund sechsstündige Fahrt kostet je nach Ausstattung des Fahrzeugs 18–25 US$.

Flughafen

Der Harry Mwaanga Nkumbula International Airport liegt 5 km nordwestlich der Stadt. Tel. +260-213-321153.

David Livingstone: Missionar und Forschungsreisender

David Livingstone wird am 19. März 1813 im schottischen Blantyre geboren und wächst in ärmlichen Verhältnissen auf. Bereits als Zehnjähriger muss er täglich 14 Stunden in einer Baumwollfabrik arbeiten. Zusätzlich besucht er die Abendschule und lernt wie ein Besessener. Mit etwa 20 Jahren fühlt er sich berufen, als Arzt und Missionar nach China zu gehen. Er spart für das Medizinstudium und bewirbt sich bei der Londoner Missionsgesellschaft (LMS). In der Probezeit fällt er fast durch, weil er so schlecht predigt, wird aber schließlich doch noch zur Missionarsausbildung zugelassen. Während dieser Ausbildungszeit zerstört der Ausbruch des Opiumkriegs alle Träume von einer Tätigkeit in China. Zufällig begegnet er gleichzeitig Robert Moffat, dem berühmten Missionar aus Kuruman in Südafrika, der vorübergehend in London weilt. David Livingstone entschließt sich nach dieser Begegnung rasch, Robert Moffat nach Afrika zu folgen.

Im Herbst 1840 verlässt der frisch gebackene Missionar England und erreicht nach langer Reise 1841 Kuruman, zu jener Zeit die nördlichste Missionsstation im südlichen Afrika. Sofort begibt sich Livingstone auf ausgedehnte Reisen in den Norden. Seinen Auftrag, eine kleine Missionsstation nördlich von Kuruman zu gründen, erfüllt er zwei Jahre später in einem einsamen Dorf namens Mabotsa. Bei einem Jagdunglück wird er hier fast von einem Löwen getötet, und seine Schulter bleibt fortan gelähmt. Schon bald verlässt er Mabotsa und versucht sich in Tchonuane niederzulassen, doch auch hier kommt er nicht zur Ruhe. Schließlich zieht er mit seiner Familie – er hat inzwischen Mary, die Tochter Moffats, geheiratet – zu den Bakwena nach Kolobeng.

Bei Sechele, dem mächtigen König der Bakwena, stoßen seine Predigten auf offene Ohren. Sechele lernt lesen und schreiben, konvertiert zum christlichen Glauben und schickt seine vielen Nebenfrauen pflichtschuldig zu ihren Familien zurück. Doch Sechele bleibt Livingstones einzige „gewonnene Seele“, das Volk steht dem Christentum und den Veränderungen Secheles sehr misstrauisch gegenüber. Als eine lang anhaltende Dürre ausbricht, wird dies als Zeichen für den schlechten Einfluss der Bibel gewertet. Die Bakwena und die Missionarsfamilie leiden an Hunger und Wassermangel. Dr. Livingstone steckt ernsthaft in einer Sackgasse.

Von Sechele erfährt Livingstone vom fruchtbaren, tierreichen Ngamiland, das hinter jenem Durstland, der Kalahari, liegen soll. Kein Europäer hat es je betreten. Livingstone findet in William Oswell einen wohlhabenden Partner, der als Jäger und Händler mit Entdeckersinn gerne für eine Expedition aufkommen würde. Doch erst nach langem Zögern erteilt Sechele die Genehmigung zur Reise nach Ngamiland. Zusammen mit Bakwenaführern, Oswell und Murray, einem weiteren Händler, bricht Livingstone schließlich am 1. Juni 1849 nach Norden auf. Zwei Monate später stehen die drei als erste Europäer am Ngamisee.

Ein Jahr später unternehmen Livingstone und Oswell eine zweite Expedition zum Ngamisee, mit dem Ziel, weiter nach Norden zu den Kololo an

den Chobe River zu reisen. Diesmal sind Livingstones Frau und seine beiden Kinder dabei. Im feuchten Klima werden die Kinder schwer fieberkrank und die Gruppe muss umkehren. Mary erwartet nach der Rückkehr in Kolobeng ihr drittes Kind, das aber schon wenige Wochen nach der Geburt stirbt.

Obwohl Mary bald wieder schwanger ist, bricht die Gruppe im April 1851 erneut nach Norden auf. Die Reise wird zur unbeschreiblichen Tortour. Neben der Malaria sind die Tsetsefliegen eine ständige Gefahr. Unter enormen Entbehrungen und halb verdurstet schlägt sich die Gruppe bis an den Chobe zu den Kololo durch. Während seine Familie dort im sumpfigen Klima des Chobe zurück bleibt, reist Livingstone mit Oswell weiter an den Sambesi. Hier erkennt Livingstone, dass das unbekannte innere Afrika keine öde Wüste ist, sondern ein Land voller Flüsse und Seen, und er beschließt, den Weg an den Atlantik zu erforschen. Damit trifft er innerlich die Entscheidung, sein Missionars- und Familienleben aufzugeben, behält sie aber vorerst noch für sich. Zügig kehrt er nun nach Kolobeng zurück und schickt seine Familie nach England, weil er allein, wie er sagt, im Lande der Kololo einen geeigneten Platz für seine künftige Missionsstation finden will.

Im Winter 1852 verlässt Livingstone Kolobeng endgültig und schlägt sich erneut zum Chobe durch. Hier verirrt er sich in überschwemmten Sümpfen, berichtet von undurchdringlichem Schilf und Altwassern, wo er mit seinen einheimischen Begleitern im Wasser watend umherirrt. Im Mai 1853 trifft er endlich auf die Kololo.

Von einer neuen Mission ist nicht mehr die Rede, Livingstone hat längst das Entdeckerfieber gepackt. Ausgiebig erforscht er die weitere Umgebung und besucht dabei als erster Europäer die Viktoriafälle. Anschließend startet er vom Chobe aus seine erste große Expedition. Sie führt ihn den Sambesi flussaufwärts durch die Barotseflutebenen ins Reich der Lunda und weiter bis an den Atlantik. In Luanda, der portugiesischen Hafenstadt, macht er kehrt und wandert mit seinen 27 Kololo-Begleitern wieder an den Chobe zurück. Dort untersucht er zunächst auch noch den weiteren Verlauf des Sambesi bis an den Zusammenfluss mit dem Luangwa bei Zumbo.

Als er schließlich nach 16 Jahren Abwesenheit 1856 nach England zurückkehrt, ist er ein berühmter Mann. Er hat den Ngamisee, die Viktoriafälle und den Lauf des Sambesi entdeckt, aber auch den Sklavenhandel mit all seinen grausamen Auswirkungen kennen gelernt. Wie besessen ist er von dem Vorhaben, den britischen Einfluss auf das Innere Afrikas auszuweiten, um den grausamen Menschenhandel zu unterbinden. Sollte der Sambesi schiffbar sein, würde dies einen wichtigen Weg für den britischen Handel öffnen. Weder sein Beruf noch die Familie können Livingstone davon abhalten, eine zweite Expedition vorzubereiten. Er wird dabei von der Regierung unterstützt und von mehreren Wissenschaftlern begleitet. Die „Zambezi Expedition“ reist mit dem offiziellen Auftrag, einen schiffbaren Weg nach Zentralafrika zu finden.

Weil die Cahora-Bassa-Stromschnellen des Sambesi eine unüberwindbare Barriere darstellen, konzentriert sich die Expedition auf die Erforschung des unbekannten Shire. Zu Livingstones Begleitern zählen sein Bruder und die Ärzte Dr. Kirk und Dr. Meller. Mit Dr. Kirk unternimmt Livingstone wochenlange Fußmärsche, und gemeinsam erblicken sie im Herbst 1859 bei Mangochi erstmals den Malawisee. Livingstone ist von den Manganja beeindruckt, die ihre Dörfer mit Euphorbien einzäunen und geschickte Handwerker sind. Die Expedition entdeckt zwar Seen und Gebirge, doch wieder keinen schiffbaren Fluss. Auch der Shire hat oberhalb des Dorfes Chibisa (Chikwawa) unzählige Stromschnellen. Livingstone reist deshalb zurück an den Sambesi und kommt erst 1861 wieder an den Shire. Im Manganjaland ist inzwischen Krieg ausgebrochen. Mit Entsetzen erkennt er, wie seine Reiseberichte den Sklavenhändlern den Weg geebnet haben. Statt der bebauten Felder sieht er nun überall Zerstörung, Not und Plünderung. Ständig verfangen sich Leichen in den Schaufelrädern des Dampfschiffes „Pioneer". Immer wieder begegnen ihnen Sklavenkarawanen und Menschen auf der Flucht.

Wenig später erliegt Livingstones Frau, die ihm nachgereist war, der Malaria. Der Unglücksfaden reißt nicht ab, auch drei Expeditionsmitglieder sterben nach schweren Malaria-Attacken. 1863 ruft England die glücklose Expedition zurück. Einsam und verzweifelt angesichts des zerstörten Landes, das er zurücklassen muss, kehrt Livingstone nach Europa heim.

Zwei Jahre später nimmt er von der Heimat zum letzten Mal Abschied. Diesmal wieder ganz allein mit einigen wenigen afrikanischen Weggefährten durchkämmt er die ganze Region um die zentralafrikanischen Seen Malawi-, Mweru- und Tanganjikasee, hängt jahrelang wie besessen dem Irrglauben nach, hier die Quellen des Nils aufzustöbern. Dabei zehrt er seine Gesundheit völlig aus.

Ende April 1873 liegt Livingstone fiebernd in einer notdürftig gebauten Hütte. Er ist oft bewusstlos, kann nicht mehr laufen, behält das Essen kaum noch. Seit Wochen irrt der alte Mann mit seinen Gefährten durch unwegsame Sümpfe. Die Männer sind durchnässt, Kleidung und Zelte zerrissen, die Vorräte aufgebraucht. So krank Livingstone auch ist, gilt sein einziges Interesse der Nilquelle, die er im Süden der Bangweulusümpfe vermutet. Dass er einem Irrtum erliegt, ahnt der kranke Mann nicht. Am Abend des 30. April wird der Sechzigjährige zuletzt lebend gesehen. Nachts finden ihn seine Gefährten wie im Gebet kniend. Als sie ihn berühren, ist sein Körper schon kalt. Susi und Chuma, seine langjährigen, treuen Begleiter, befinden sich zu diesem Zeitpunkt mit über 50 Trägern, Frauen und Kindern 1500 Meilen von ihrer Heimat Sansibar entfernt. Sie sind in einer verzweifelten Lage, verloren in einer fremden Region voller kriegerischer Völker und Sklavenjäger. In dieser Nacht fällen die beiden dennoch eine bemerkenswerte Entscheidung: Sie wollen zusammenbleiben und die einbalsamierte Leiche Livingstones quer durch Afrika zurück zu den Briten tragen. Daraufhin wird der Leichnam gesalzen, tagelang in der Sonne getrocknet und nachts gegen die Hyänen verteidigt. Sie wickeln ihn in Segeltücher und Baumrinde, die sie mit Teer aus Livingstones Beständen überziehen. Mit dem präparierten Leichnam beginnen sie den langen, gefährlichen Rückweg zur afrikanischen Ostküste.

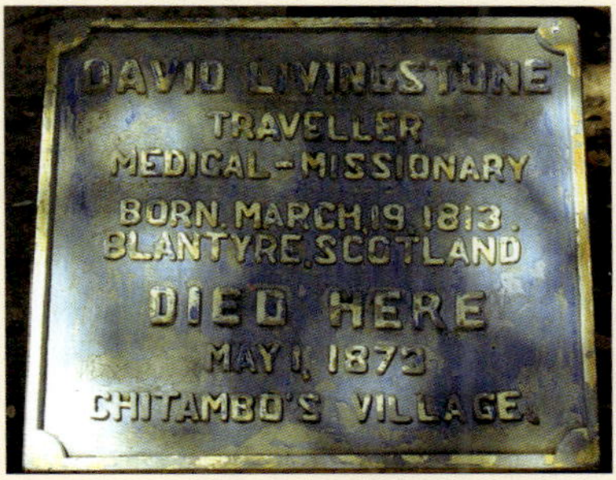

Fünf Monate später, im September 1873, trifft die zerlumpte Truppe in Tabora, Zentraltansania, auf die ersten Engländer. Offizier Cameron führt eine Suchexpedition nach dem vermissten Forscher und ist vollkommen perplex, als ihm Susi und Chuma den Leichnam präsentierten, den sie monatelang durch Afrika geschleppt haben. Cameron will Livingstones Leichnam an Ort und Stelle begraben lassen, stößt aber auf den Widerstand der Afrikaner. So trennen sie sich schließlich wieder. Cameron durchquerte in den nächsten Jahren den afrikanischen Kontinent, Susi und Chuma tragen die Mumie weiter bis nach Sansibar, wo der Leichnam nach England überführt wird. Elf Monate nach dem einsamen Tod in den zambischen Sümpfen erhält David Livingstone ein Heldenbegräbnis in der Westminster Abbey.

Livingstones Tod und die Umstände der Bergung seines Leichnams wühlen die britische Gesellschaft auf. Die hohe Moral des Verstorbenen und die außergewöhnliche Initiative seiner treuen Begleiter beeindrucken die Bevölkerung. Susi und Chuma haben mit großer Ausdauer, viel Geschick und Diplomatie ihre Mannschaft sicher durch feindliche und gefährliche Landstriche geführt. Ihre Tat zeichnete bei den Europäern ein ganz neues Bild vom schwarzen Menschen.

Bilder S. 134: Livingstones Medizinkiste, S. 136: Museumsdarstellung des Sklavenhandels, S. 137: Denkmal am Todesort Livingstones in Nordostzambia, Britische Pfundnote mit seinem Konterfei.

Ausflug nach Botswana: Chobe NP

Foto oben: Markante uralte Baobabs säumen das Hochufer des Lake Liambezi, eine weite Flutebene, die der Chobe bildet

Der Nordostzipfel Botswanas lebt wie Victoria Falls heute nahezu ausschließlich vom Tourismus, was er seiner exponierten Lage am Vierländereck und seinem spektakulären Wildreichtum im Chobe Nationalpark verdankt. Die Viktoriafälle liegen praktisch „vor der Haustüre", und deshalb kombinieren viele Reiseveranstalter und Individualreisende den Besuch beider Naturschauspiele. Und wie in Victoria Falls und Livingstone ist auch in Kasane eine moderne Hotellerie mit breitem Ausflugsangebot entstanden.

Die Grenze nach Botswana liegt 60 km westlich von Victoria Falls. Direkt an die Grenze schließt sich die Ortschaft Kazungula an und 10 km dahinter, am Rande des Chobe Nationalparks, liegt die Kleinstadt Kasane.

„Chobe Day Trip": In Victoria Falls zählen Tagesausflüge in den Chobe Nationalpark zum festen Programm. Die Preise liegen bei 180 US$ pP und beinhalten die Fahrt, ein Mittagessen und eine Pirschfahrt oder einen Bootsausflug in den Chobe Nationalpark. Zweitägige Touren gibt es ab 350 US$.

Kasane und Kazungula

Touristentrubel im Vierländereck

Zu Zeiten David Livingstones lag hier die Hauptstadt der Kololo, die den Forscher damals zu den Viktoriafällen geführt hatten. Als dieses Gebiet 1890 dem britischen Protektorat einverleibt und zu Kronland umgewandelt wurde, war das Reich der Kololo schon zusammengebrochen, und es lebten hier inzwischen die Basubya und Shua-Khoi. Jahrelang interessierte sich das „Mutterland" nicht wirklich für diesen wildreichen, schwül-sumpfigen Ort am Zusammenfluss von Chobe und Sambesi. In den 1920ern löste die neue Siedlung Kasane das alte Kazungula als Verwaltungszentrum des Nordostens ab, blieb aber dennoch viele Jahrzehnte lang ein geruhsames, verschlafenes Nest fernab des politischen Geschehens. In den 1960er und 70er Jahren tauchten bereits die ersten Safarigäste auf, doch das riesige touristische Potenzial entfaltete sich erst nach 1985, als Kasane mit der Teerstraße nach Nata verkehrstechnisch an den Süden des Landes angebunden wurde.

Oben: Ein Rotbauchwürger

Kasane ist seither zum touristischen Drehkreuz angewachsen. Wie an einer Perlenschnur säumen Hotels, Safarilodges, Boutiquen und Lokale die Hauptstraße entlang des südlichen Chobeufers und konkurrieren mit geschmackvollen Anlagen und abwechslungsreichen Ausflugsprogrammen um die Gunst der Besucher. Der wildreiche Chobe Nationalpark beginnt direkt hinter der Ortschaft, und der Chobe River ist ein Terrain für Wasserfreunde: Haus- und Motorboote tummeln sich praktisch den ganzen Tag auf dem trägen Strom.

Kazungula, der historisch ältere Ort, muss sich heute mit einem Schattendasein neben Kasane begnügen. Der deutlich beschaulichere Grenzort liegt nur 10 km östlich von Kasane. Die Straße, die beide Orte verbindet, führt an großflächigen Obstplantagen vorbei, mit denen die Gemeinde ein zweites Standbein neben dem Tourismus aufzubauen versucht.

Trotz des Touristenrummels und obwohl die Uferzone allmählich flächendeckend bebaut ist, sind Kasane und Kazungula eine „Wildlife Area". Ganze Familienverbände unbedarfter Warzenschweine haben sich in den Hotelanlagen häuslich eingerichtet und spazieren ganz selbstverständlich durch die Straßen. Zebramangusten und Meerkatzen laufen durch die Gärten, und während der Trockenzeit wandern Elefantenherden in Kazungula zwischen dem Hinterland und ihren wenigen verbliebenen Tränken am Chobeufer umher.

Unten: Hinweisschilder zwischen Kasane und Kazungula

Oben: Verletztes Stachelschwein in der Auffangtstation CARACAL

Sehenswertes in Kazungula und Kasane

CARACAL World of Wildlife

Informativ und lehrreich, dabei kurzweilig und spannend, entführen die Mitarbeiter Besucher in das Reich der Schlangen, Skorpione, Frösche, Schildkröten, Mangusten, Papageien und Chamäleons. Das interessante Naturschutzprojekt am Rande Kasanes wendet sich dabei an Einheimische und Touristen gleichsam. In der Reptilienfarm und Auffangstation lebte vorübergehend sogar ein Baby-Erdferkel, das den Tierschützern schwer verletzt übergeben worden war. Dann war ein junger Honigdachs der Star unter den Wildtieren, gefolgt von Steppengalagos, die sich mit Rosinen füttern lassen. CARACAL öffnet täglich von 9–16 Uhr; die Standardtour kostet 3 € Eintritt, lohnenswerter ist die 5 €-"Behind-the-Scenes-Tour" mit direktem Tier-Kontakt (täglich um 11, 13 und 15 Uhr).

Oben: Steppengalagos sind bei CARACAL inzwischen dauerhafte Mitbewohner

Pirschfahrten, Bootsausflüge und Wanderungen

Alle Lodges organisieren morgens und nachmittags Pirschfahrten in den Chobe Nationalpark, bei großer Nachfrage sogar in den Mittagsstunden. Game Drives liegen je nach

Oben: Die Pirschfahrten auf den Haus- und Motorbooten folgen dem Chobeufer.

Anbieter und Gruppengröße zwischen 25 und 50 US$ (zzgl. Parkeintritt). Safaris im Motorboot sind oft ein wenig günstiger und besonders in den späten Nachmittagsstunden zu empfehlen. Sie überzeugen nicht nur wegen der romantischen Stimmung auf dem Chobe, auch Hobby-Ornithologen kommen vom Boot aus bestens auf ihre Kosten. Auf größeren Inseln wie Sikoma Island werden außerdem halbtägige Naturwanderungen unternommen (ab 30 US$). Zur Info bzgl. der Eintrittsgebühren: Wer an einem Pauschalausflug teilnimmt, bezahlt nur 190 Pula Parkeintritt anstelle der 270 Pula für individuell in den Park fahrende Touristen.

Restaurants

Großer Beliebtheit erfreut sich das legere Gartenlokal „The Old House" in Kasane, wo die Gäste im begrünten Garten oder auf einer hölzernen Stelzenbar dinieren; als Spezialitäten gelten Pizza, Steak und frischer Fisch. Gleich nebenan liegt das nette „Coffee Buzz". Die Kubu Lodge in Kazungula serviert abends im gepflegten Rahmen Dreigängemenüs. Wer Hotelbuffets bevorzugt, wird in der Chobe Safari Lodge oder der Mowana Safari Lodge fündig, denn beide Hotels kredenzen bei guten Belegungszahlen üppige Buffets. Gute indische Küche findet man im „Tandurei" im Shopping-Komplex kurz vor der Chobe Safari Lodge.

Info In Botswana dominieren auf den Speisekarten Rindfleisch- und Hühnergerichte.

Oben und rechts: Warzenschweine und eine Meerkatze in der Chobe Safari Lodge

Unterkunft in Kazungula

Big 5 Chobe Lodge (ex Toro Lodge)

Tel. +267-76522272, E-Mail: reservations @chobebig5.com, www.chobebig5.com.

Die Bungalowanlage in Kazungula bietet unterschiedliche Chalets und parzellierte Campingstellflächen mit hochwertigen individuellen Sanitäranlagen, Restaurant, Pool und Stromanschluss.

Preise: Bungalows kosten je nach Lage ab 145 US$ pro Nacht, Camping 50 US$ pro Stellplatz pro Nacht.

Kubu Lodge

Tel. +267-6251092, E-Mail: reservations@ kubulodge.net, www.kubulodge.net.

Die ältere Hotelanlage mit großzügig verteilten Stelzenchalets liegt in einem eingewachsenen tropischen Garten mit schattigen Schirmakazien, durch den in aller Ruhe zutrauliche Buschböcke streifen. Für Individualisten und Naturfreunde ist die ruhige Lodge eine gute Wahl. Der Campingplatz auf dem Gelände wurde geschlossen.

Preise: Die Chalets kosten mit HP 175 US$/ DZpP und 235 US$/EZ.

River View Lodge

Tel. +267-6250967, E-Mail: info@riverviewlodgechobe.com, www.riverviewlodgechobe.com. Charmante und sehr beschauliche kleine Hotelanlage für Individualisten mit zehn klimatisierten Chalets am Chobeufer. Kleiner Pool, viel Privatsphäre, Restaurant.

Preise: ÜF ab 115 US$/DZpP.

Bakwena Lodge

Tel. +267-3252812, E-Mail: reservations@ chobebakwena.com,www.chobebakwena.com.

Die rustikale Luxuslodge mit viel Öko-Flair bietet neun elegante Chalets und ein schönes Hauptdeck. Mindestaufenthalt zwei Nächte.

Preise: All-inclusive ab 502 US$/DZpP.

Kwalape Safari Lodge

Tel. +267-6251181, E-Mail: kwalape@africasafaricamps.com, www.kwalapesafarilodge.co.bw/en/.

Mittelklasselodge, in der viele Reisegruppen absteigen; nicht direkt am Fluss gelegen, mit Stelzenchalets, Camping, großem Pool und Restaurant. Sehr lebhaft.

Preise: Chalets mit ÜF 65 US$/DZpP, Mietzelte ab 37 US$/Nacht, Camping 8 US$ pP.

Unterkunft in Kasane

Mowana Safari Lodge

Tel. +267-6250300, E-Mail: resmowana@cresta.co.bw, www.crestahotels.com.

Die größte Hotelanlage am Platz ist etwas in die Jahre gekommen, hat einen riesigen Garten mit Golfgelände, Naturpfad am Flussufer und Infinity-Pool beim Gym & Spa.

Preise: HP ab 330 US$ pP.

Chobe Marina Lodge

Tel. +267-6252221, E-Mail: res1@chobemarinalodge. com, www.chobemarinalodge.com.

Große Hotelanlage im gelungenen Safaristil mitten in Kasane mit 66 klimatisierten Zimmern, Restaurant/Bar, Beauty-Spa und großem Pool.

Preise: All-inclusive ab 500 US$ pP.

The Old House

Tel. +267-6252562, E-Mail: reservations @oldhousekasane.com, www.oldhousekasane.com.

Das nette, legere Gästehaus mit beliebtem Gartenlokal bringt etwas Abwechslung nach Kasane und bietet neun klimatisierte Zimmer an. Preise: ÜF kostet je nach Ausstattung ab 92 US$/DZpP und 115 US$/EZ.

Chobe River Cottages

Tel. +267-6252863, E-Mail: bronwen@chobe rivercottages.com, www.choberivercottages.com.
Kleine gepflegte Anlage, zentral gelegen am Chobe, mit gemauerten Ferienhäusern zur Selbstversorgung. Gute Ausstattung mit Küche, Safe, WLAN und Pool.

Preise: Die Cottages kosten 115 US$/Nacht.

Chobe Safari Lodge

Tel. +267-6250336, E-Mail: reservations@chobesafarilodge.com, www.chobesafarilodge.com.

Das beliebte Hotel im modernen Safaristil mit imposantem Hauptgebäude und tropischem Garten- und Poolbereich ist eine berühmte Institution am Ufer des Chobe. Viele halbzahme Tiere wie Mangusten, Warzenschweine, Nilwarane und Meerkatzen leben auf dem Gelände. Breites Ausflugsangebot, Spa, direkt am Parkrand gelegen. Der angrenzende Campingbereich ist beengt und stickig, aber voller nächtlicher Geräusche und Tierbesuche.

Preise: Zimmer und Rundbungalows mit ÜF kosten ab 225 US$ pP, Camping 20 US$ pP.

Chobe Bush Lodge

Tel. +267-6250336, E-Mail: reservations@chobe bushlodge.com, www.chobebushlodge.com.

Die moderne Schwesterlodge der Chobe Safari Lodge mit 38 klimatisierten Chalets schließt sich ohne Flussblick direkt dahinter an. Deutlich ruhiger, mit À-la-carte-Restaurant.

Preise: ÜF ab 245 US$ pP.

Chobe River Lodge

Tel. +267-6250051, E-Mail: res@botswana booking.com, www.choberiverlodge.com.

Die frühere Garden Lodge zeigt sich nach grundlegender Renovierung völlig verändert in schicken Grautönen und modisch-elegant.

Preise: HP ab 320 US$ pP.

Thebe River Camp

Tel. +267-6251272, E-Mail: reservations@theberiversafaris.com, www.theberiversafaris.com.

Das Camp dieses Safariunternehmens ist ein rühriger Overlander- und Backpacker-Treffpunkt mit großzügigen Stellflächen, Grillständen, Schattendächern, Pool und einer Bar. Gute Sanitäranlagen, Stromanschluss, gratis WLAN. Für Backpacker stehen Mehrbettzimmer mit Ventilator bereit.

Preise: ÜF ab 65 US$ pP, Camping 13 US$ pP.

Jackalberry Chobe

Tel. +267-6251272, E-Mail: reservations@theberiversafaris.com, https://jackalberrychobe.com.

Gleich neben Thebe Safaris gelegenes romantisches Luxuszeltcamp mit Infinity-Pool und Aussichtsdeck.

Preise: All-inclusive ab 420 US$ pP.

Water Lily Lodge

Tel. +267-6251775, E-Mail: reservations@waterlilylodge-botswana.com, http://waterlilylodge-botswana.com.

Etwas beengte Lodge mit rundem Grundriss, Pool und Bar im kleinen Garten. Zehn klimatisierte Zimmer.

Preise: ÜF ab 70 US$ pP.

Kasane Self-Catering

Tel. +267-6250114, E-Mail: trish@kasaneselfcatering. com, www.chobeselfcatering.com.

Neben der Water Lily Lodge liegen zwei sehr schöne Ferienhäuser, die gut betreut werden. Empfehlenswert, aber oft ausgebucht.

Preise: ab 90 US$/Nacht.

Unterkunft im Leshoma Valley

Elephant Valley Lodge

Tel. +267-6200054, E-Mail: res@anthology.co.za, www.evlodge.com.

Im Leshoma Valley, einem wildreichen Flusstal mit herrlichem Baumbestand, liegt das Luxuszeltcamp 8 km südlich von Kazungula an einem eigenen Wasserloch. Sehr viele Elefanten!

Preise: All-inclusive ab 460 US$ pP.

Chobe Bush Camp

Tel. +267-5670336, E-Mail: reservations@chobebushcamp-botswana.com, www.chobebushcamp-botswana.com.

Ein Bush Camp mit Stelzenchalets an einem Wasserloch im Leshoma Valley (südlich von Senyati Camp), das zu Janala Tours / Water Lily Lodge gehört. Mittelklasse, kein Pool.

Preise: All-inclusive ab 367 US$ pP.

Senyati Safari Camp

Tel. +267-71881306, E-Mail: senyatisafaricamp@gmail.com, www.senyatisafaricampbotswana.com.

Safaricamp mit Chalets zur Selbstversorgung und 20 Campingstellflächen mit individuellen Sanitäranlagen, Schattendächern und Strom, gratis WLAN, Pool und eigenem Wasserloch. Vom Hide überblickt man das Kommen und Gehen der Elefanten. Kein Restaurant. Die tiefsandige Zufahrt beginnt 8 km südlich von Kazungula an der Straße nach Nata.

Preise: Chalets ab 210 US$, Camping 20 US$.

Unterkunft im Kasane Forest Reserve

Camp Kazuma

Tel. (SA) +27-72-4903287, E-Mail: info@campkazuma.com, www.campkuzuma.com.

Eine feudale Lodge mit fünf Wohnzelten, halb offener Boma und Pooldeck, alles auf Holzplattformen vor einem eigenen Wasserloch 85 km von Kasane.

Preise: All-inclusive ab 390 €/DZpP.

Unterkunft im Chobe NP: am Chobeufer nahe Kasane

Chobe Game Lodge

Tel. +267-6250340, E-Mail: info@desertdelta.com, www.chobegamelodge.com.

Traditionsreiche Hotelanlage mit Gym und Pool direkt im wildreichen Park. Hier haben schon Liz Taylor und Richard Burton eine ihrer Hochzeitsreisen verbracht. Heute umgarnt man hier neben romantischen Paaren auch luxusverwöhnte Familien.

Preise: All-inclusive ab 880 US$ pP.

Chobe Chilwero Lodge

Tel. +267-6862688, E-Mail: info@sanctuaryretreats.com, www.sanctuaryretreats.com.

Vom Feinsten: Einsam und idyllisch thronen die eleganten A-Frame-Chalets der Luxusklasse direkt im Chobe NP auf einem Hügel und genießen einen herrlichen Ausblick auf den Fluss. Mit edlem Spa-Bereich.

Preise: All-inclusive ab 750 US$ pP.

Unterkunft nahe dem Ngoma Gate

Ngoma Safari Lodge

Tel. (SA) +27-10-446769, E-Mail: book@machabasafaris.com, www.machabasafaris.com.

3,5 km westlich vom Ngoma Gate liegt diese gut geführte Luxuslodge. Die gemauerten Chalets haben eigene Tauchbecken.

Preise: All-inclusive ab 760 US$ pP.

Muchenje Safari Lodge

Tel. +267-73201489, E-Mail: info@muchenje.com, www.muchenje.com.

Auch diese elegante Lodge liegt gut 3 km westlich von Ngoma Bridge sehr schön am Chobehochufer. Idyllisch und servicestark.

Preise: All-inclusive ab 470 US$ pP.

Chobe Elephant Camp

Tel. +267-6863763, E-Mail: reservations3@bushways.com, www.chobeelephantcamp.com.

Mittelklasselodge mit kleinem Pool neben der Muchenje Safari Lodge.

Preise: All-inclusive ab 360 US$ pP,
für Selbstfahrer mit VP ab 280 US$ pP.

Camping: Ihaha Campsite

Tel. +267-6861448, E-Mail: kwalatesafari@gmail.com, www.kwalatesafaris.com.

Der Campingplatz direkt im Nationalpark liegt am flachen Chobeufer mit weitem Ausblick in die Ebene. Ihaha verfügt über zehn großzügig verteilte Stell- und drei Reserveplätze, die sich ans Ufer reihen (Foto oben). Das Gebiet ist eine typische Büffelgegend; die Tiere stapfen hier sogar durch das Camp. Zu den Stellplatzbesuchern zählen auch diebische Paviane, harmlose Schopffrankoline, Sand- und Perlhühner. Die Sanitärgebäude sind mit solarbeheizten Duschen und Toiletten ausgestattet; alle Campingstellflächen bieten Grillstellen und Betontische. Guten Ausblick in die Ebene und auf den mäandernden Chobe gewähren die Plätze 6 bis 10; ansprechend liegen auch Nr. 2, 7 und 9; Nr. 4 und 7 dagegen nahe der Sanitäranlagen.

Preise: Die Campingpreise betragen 21 US$ pP (für SADC-Bürger und Kinder die Hälfte) zzgl. Parkeintrittsgebühren (für Übernachtungsgäste fallen zwei Tageseintritte an).

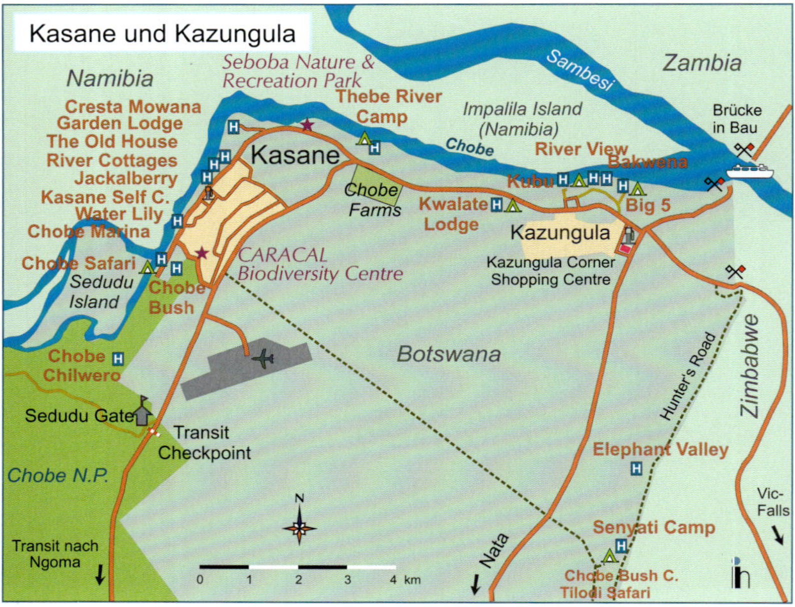

Tipp Vorausbuchungen sind während der Hochsaison auch für die Campingplätze empfehlenswert.

Muchenje Campsite

Tel. +267-75007327, E-Mail: bookings@muchenjecampsite.com, www.muchenjecampsite.com.

Das Camp zwischen Kavimba und Savuti verfügt über Ferienhäuser und großzügige Campingparzellen, mit Pool und Aussichtsdeck, Mini-Laden, Boots- und Pirschfahrten im Angebot, aber ohne Restaurant.

Preise: Cottages 92 US$/Nacht, Zeltchalets 60 US$/N., Camping 18 US$.

Mwandi View Camp

Tel. +267-75579025, E-Mail: res@mwandiview.com, http://mwandiview.com.

Kurz vor Kavimba liegt das umzäunte Camp mit acht Selbstversorger-Zeltchalets auf Plattformen, Pool, Cafeteria und begrüntem Campsite (mit Strom). Viele Wildtiere, schöner Ausblick, abends WLAN. Angeboten werden Boots- und Pirschfahrten (Essen nur bei Vorausbuchung).

Preise: Zeltchalets 115 US$/Nacht, Camping 16 US$ pP.

Thobolo's Bush Lodge

Tel. +267-74412251, E-Mail: thobolosbushlodge@gmail.com, http://thobolosbushlodge.com.

13 km südlich von Kachikau liegt das Camp mit Selbstversorgerchalets und Camping an einem wildreichen Wasserloch. Tolles Aussichtsdeck, sehr gepflegt, Mahlzeiten und Game Drives werden angeboten.

Preise: Selfcatering 210 US$ pP, HP 265 US$ pP, Camping 40 US$ pP.

Bild rechts: Souvenirverkauf am Straßenrand von Kasane

Praktische Informationen

Geldwechsel

Wechselstuben oder Bankfilialen/Geldautomaten findet man in Kasane im Audi Centre, im Madiba Centre neben der SHELL-Tankstelle, in der Water Front Mall und in Kazungula im Corner Shopping Centre. Sie nehmen US$, Euro, brit. Pfund und Rand an. An Geldautomaten von Barclays Bank und FNB kann man mit VISA und Mastercard Bargeld abheben, die Shell-Tankstelle akzeptiert Mastercard. Am Wochenende öffnen Wechselstuben nur vormittags.

Tourist Info und Reiseagenturen

Das Tourismusministerium, Tel. 6250357, in der Ortsmitte von Kasane, verteilt ein paar Prospekte. Öffnungszeiten: Mo–Fr 7.30–12.30 und 13.45–16.30 Uhr. Für Informationen zum Freizeitangebot in Kasane empfehlen wir das Reisebüro im Garten der Chobe Safari Lodge, wo Bootsausflüge und Pirschfahrten angeboten werden. Allradfahrzeuge mit und ohne Campingausstattung vermietet die Firma Tawana Self Drive, Tel. 75179037, https://en.tawanaselfdrive.com.

Einkaufstipps

Große Supermarktketten wie SPAR, Choppies und Shoprite haben Filialen in Kasane und Kazungula. In der Regel bietet der SPAR die breiteste Auswahl; dort gibt es auch einen gut bestückten Getränkehändler. Der Bottle Store beim Choppies (vor der Chobe Safari Lodge) öffnet auch an Feiertagen. Backwaren vertreibt der "Hot Bread Shop" im Madiba Shopping Centre mitten in Kasane. In Kazungula bietet das „Corner Shopping Centre" auch eine Wechselstube.

Souvenirs: Zahlreiche Einkaufsmöglichkeiten bieten die Boutiquen und Läden beim SPAR-Shopping Centre und die Souvenirläden der größeren Hotels. Einen offenen großen Handwerkermarkt wie in Victoria Falls und Livingstone gibt es hier nicht.

Die Transitstrecke im nördlichen Chobe NP

6 km südlich von Kasane liegt Sedudu Gate, der Hauptzugang in den Chobe Nationalpark. Im Westen begrenzt das Ngoma Gate den Parkbereich entlang des Chobeufers.

Eine gut ausgebaute, 48 km lange Transit-Asphaltstraße verläuft zwischen Sedudu Gate und Ngoma Gate. Diese Transitstrecke darf man kostenlos befahren, unterwegs allerdings auch nicht von der Straße abweichen, um Pirschfahrten zu unternehmen. Die eher langweilige Strecke führt durch eintönigen, einsamen Wald und ist definitiv kein Ersatz für eine Pirschfahrt am Chobeufer.

Chobe Nationalpark

Das mit 11 698 km² drittgrößte Schutzgebiet Botswanas erstreckt sich über ganz unterschiedliche Vegetationszonen und wurde verwaltungstechnisch in vier unterschiedliche Sektionen aufgeteilt, die bezüglich ihrer touristischen Anziehungskraft und der Landschaftseindrücke deutlich voneinander abweichen. Der Park wird im Norden vom Chobe River begrenzt, berührt im Westen das Sumpfgebiet am Linyanti und reicht im Südwesten bis an das Moremi Wildschutzgebiet.

Das nördliche Parkgebiet, die Region entlang des Chobeufers, ist der mit großem Abstand am stärksten besuchte Teil des Chobe Nationalparks und die einzige für diesen Reiseführer relevante Region, denn die anderen Parkgebiete gehören nicht mehr zur Umgebung von Victoria Falls. Wildreiche Auen und Sumpfgrasflächen am trägen, schmalen Chobe River prägen das beliebte Safarigebiet.

Natur und Tierwelt

An den flachen Ufern des sanft fließenden Chobe-Stroms bilden die weiten Flussauen ausgezeichnetes Weideland für Büffel, Hippos, Rote Moorantilopen und Warzenschweine. Hier schließt sich ein attraktiver Uferwald mit Kastanien, Mahagoni-, Mangostan- und Teakholzbäumen an, in dem sich bevorzugt Paviane, Impalas und Elefanten aufhalten. Südlich des Flusses geht die Vegetation schließlich in Trockenwälder über, wo sich Kudus und Perlhühner wohlfühlen. Die in einer Flussschleife gelegenen Puku Flats gelten als Afrikas südlichster Bereich, in dem Grasantilopen, Pukus, vorkommen (siehe Foto S. 150 unten).

Info Tageseintrittsgebühren in den Chobe NP: Erwachsene 270 Pula (Kinder die Hälfte), in Botswana registrierte Fahrzeuge bis 3,5 t Gewicht 30 Pula, alle anderen 115 Pula. Gäste eines Reiseunternehmens bezahlen 190 Pula Eintritt (Kinder die Hälfte). Öffnungszeiten: April bis September von 6–18.30 Uhr, sonst von 5.30–19 Uhr

Eine weitere Besonderheit unter den Säugetieren ist der Chobe-Buschbock (*Tragelaphus scriptus*). Mit viel Glück entdeckt man hier auch die seltenen, scheuen Greisböcke und Oribis. Es lohnt sich stets, das Augenmerk auf kleinere Zeitgenossen zu richten, die hier durchaus verbreitet sind, z. B. Zebramangusten, Nilwarane und Pantherschildkröten. Viele Wildtiere ziehen in der Regenzeit vom Ufer des Chobe weg nach Süden ins Landesinnere.

Die Chobe-Uferregion bietet Elefantengarantie! Man sagt, hier sei die dichteste Konzentration Afrikas mit etwa sechs Elefanten pro km². Die großen Herden halten sich besonders während der Trockenzeit am Chobe auf, wenn im Hinterland alle Wasserstellen versiegen. Die hohe Elefantenpopulation richtete in den Dürrejahren der 1990er massive Schäden an der Ufervegetation an. Bäume wurden entwurzelt, Äste abgebrochen, ganze Wälder verwüstet. Seither lösen die Vegetationsschäden immer wieder Diskussionen um das gezielte Dezimieren von Elefanten aus.

Vogelfreunde besuchen besonders gern die Uferregion des Chobe Rivers, denn hier kommen nicht nur die meisten der etwa 450 registrierten Vogelarten des Nationalparks vor, sondern auch viele Spezies, die sonst nirgendwo in Botswana gesichtet werden können. Naturgemäß besiedeln besonders viele Wasser- und Watvögel das Chobeufer. Zwischen Oktober und März überwintern an seinen Ufern außerdem sehr viele Zugvögel aus dem Norden.

Ein wenig irritierend sind die namibischen Rinder und Fischerhütten, auf die der Blick über den Fluss im westlichen Teil, bei Ihaha, gelegentlich fällt. Dafür ist diese Gegend weniger überlaufen als der Parkbereich beim Sedudu Gate.

Bilder oben: Felsentoko, Grünschwanz-Glanzstar und Rotschnabelfrankolin

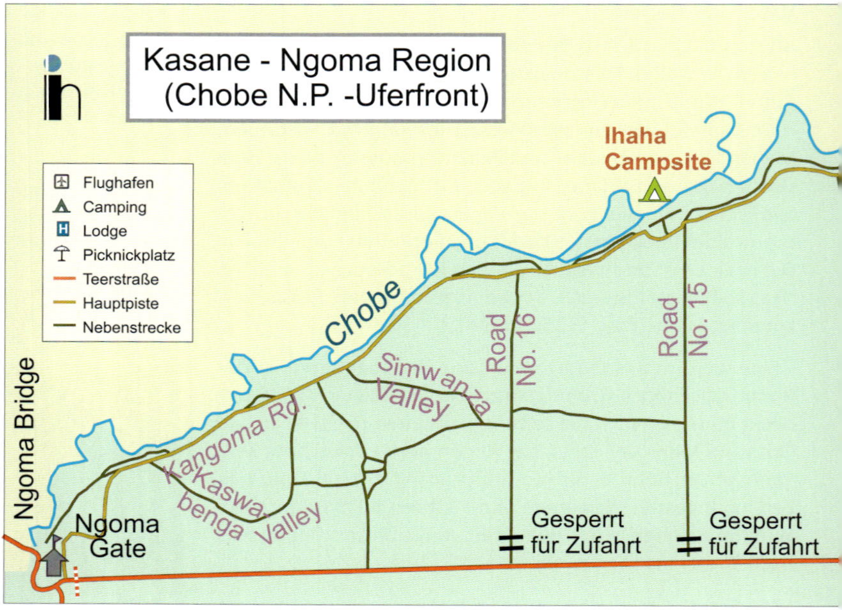

Der am besten erschlossene Bereich des Parks erfreut sich eines nicht enden wollenden Besucherstroms. Die Fahrzeuge der Hotels und Lodges sind praktisch den ganzen Tag über im östlichen Parkbereich an der Riverfront unterwegs, dazwischen tummeln sich die vielen Mietwagentouristen. Der Wildnischarakter leidet darunter natürlich. Doch wer sich auf diese Situation einstellt, kann hier großartige Tiererlebnisse genießen. Denn die Wildtiere haben sich an die vielen Safarifahrzeuge gewöhnt und zeigen eine geradezu erstaunliche Toleranz gegenüber den neugierigen und fotografierwütigen Touristen. Und so ist die fotografische „Ausbeute" einer Safari entlang dem Chobe River in aller Regel geradezu außergewöhnlich.

Ein Allradfahrzeug ist für Selbstfahrer allerdings unerlässlich, denn die Pisten sind vielfach tief ausgefahren und tiefsandig.

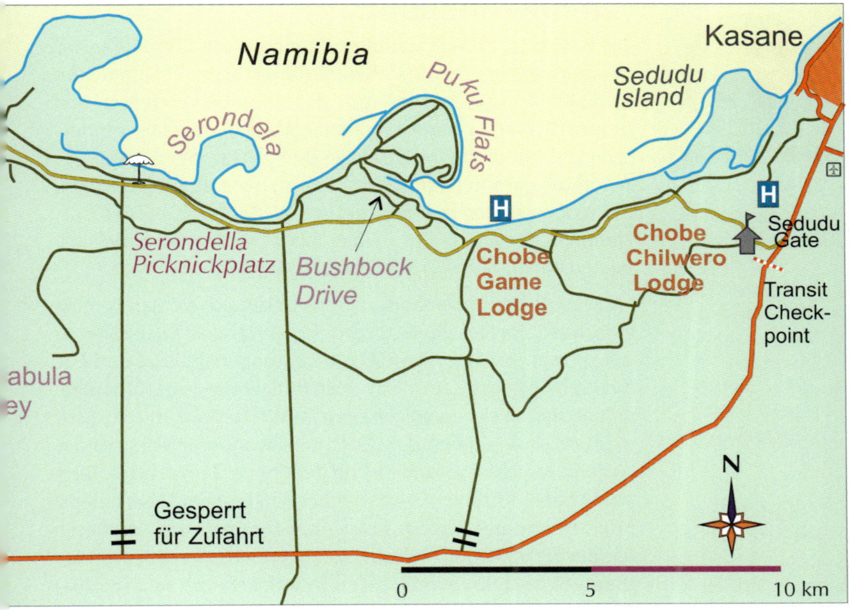

Infos für Selbsfahrer

Wegen des Massenansturms entlang des Chobeufers gelten drastische Regulierungsmaßnahmen für die Pirschfahrten zwischen Sedudu Gate und Serondela Picnic Site, wonach Selbstfahrer dieses Teilstück am Chobeufer erst ab 9 Uhr morgens befahren dürfen, und so die attraktiven Morgenstunden einheimischen Veranstaltern und Camps vorbehalten bleiben. Selbstfahrer, die früher auf Pirschfahrt gehen möchten, müssen zuerst 18 km entlang der geteerten Transitstraße fahren und von dort zum wildreichen Flussufer hin abbiegen. Zudem gilt dort eine Einbahnregelung: Die Riverbank Route direkt am Ufer darf nur vom Gate nach Westen befahren werden. Auch die Anzahl der Fahrzeuge, die dieses Teilstück pro Tag befahren dürfen, wurde limitiert; dies betrifft bisher allerdings nur örtliche Safarianbieter, nicht Individualreisende. Während der Corona-Pandemie wurde dies alles vorübergehend außer Kraft gesetzt.

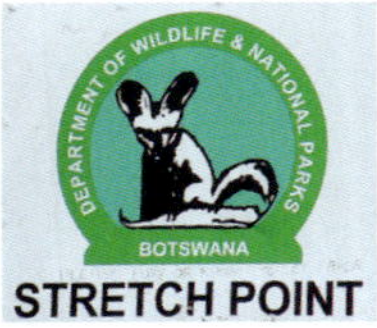

Oben: Dieses Schild markiert die sogenannte „Stretch Point Area“, an der Besucher das Fahrzeug verlassen und sich die Glieder strecken dürfen, um eine kleine Verschnaufpause einzulegen. Ganz in der Nähe befindet sich auch eine Toilette.

Info Bis Ende der 1990er Jahre der Ihaha Campsite errichtet wurde, lag in Serondela der staatliche Campingplatz. Seither wird Serondela aber nur noch als Picknickplatz genutzt.

Unten: Krokodil und Löffler
Foto rechts: Eine stattliche Herde Rappenantilopen

Tipps für die Pirschfahrten

Die besten Wildbeobachtungen gelingen am Chobeufer, wo zahlreiche Wegschleifen abwechslungsreiche Pirschfahrten ermöglichen. Zur Uferszenerie zählen neben Elefanten und Hippos sich im Schlamm suhlende Warzenschweine, umhertollende Meerkatzen, Krokodile und Nilwarane, die sich auf Ästen und am flachen Ufer sonnen sowie allerlei Eisvögel, Bienenfresser und Wasservögel wie Waffenkiebitze, Marabus, Nimmersattstörche und Heilige Ibisse. All dies lässt sich am besten auf einer Safari vom Boot aus beobachten.

Viele geführte Pirschfahrten beschränken sich auf den Bereich zwischen dem Sedudu Gate und dem Serondela Picnic Site. Je weiter man von dort westlich in Richtung Ihaha und darüber hinaus bis Ngoma Gate fährt, umso ruhiger wird es. Erfahrungsgemäß halten sich weniger Tiere im Westteil auf, mit Ausnahme stattlicher Büffelherden. Elefanten favorisieren offenbar die Gegend zwischen Serondela und der Chobe Game Lodge. Dort sowie beim Bushbuck Drive (der besser Elephant Drive heißen müsste) und der Stretch Point Area tummeln sich mitunter hunderte Dickhäuter. Selbst Herden mit Kälbern reagieren erstaunlich furchtlos auf die vielen Safarifahrzeuge. Auch Kudus, die scheuen Waldbewohner, halten sich stärker in der Nähe des Sedudu Gate auf. Zebras, Giraffen, Pferde- und Rappenantilopen kommen nachmittags gerne vom Hinterland zum Trinken an den Chobe.

Wer Botswanas einzige Pukus sehen möchte, sollte sich in die Flussschleife „Puku Flats“ begeben. Nur dort bestehen Chancen, die zierlichen Grasantilopen zu entdecken. In Zambia, dem nördlichen Nachbarn Botswanas, zählen Pukus zu den verbreiteten Böcken entlang grasbewachsener Flüsse, doch ihr Lebensraum reicht nicht südlich über den Sambesi hinaus.

Die Tierwelt: Spektakuläre Szenen spielen sich hier ab

Dank seiner vielfältigen Vegetationsformen weist auch die Fauna im Chobe Nationalpark eine **enorme Artenvielfalt** auf. Wassergebundene Wildtiere wie Hippos, Krokodile, Warane, Moorantilopen, Wasser- und Buschböcke sind ebenso zahlreich vertreten wie klassische Busch- und Waldbewohner, zu denen Kudus, Büffel, Elen- und Pferdeantilopen zählen. Löwen, Geparde, Leoparden und Hyänen sind aufgrund des guten Nahrungsangebots weit verbreitet, ebenso Honigdachse, Afrikanische Wildhunde und **zwei Schakalarten**: Schabrackenschakale und die selteneren Streifenschakele.

Besonders spektakulär sind die **Elefantenherden** im Chobe NP, halten sich hier doch die meisten Dickhäuter Botswanas auf. Weil der Park nicht eingezäunt ist, können die Herden sowohl innerhalb des riesigen Nationalparks als auch darüber hinaus bis in die Nachbarländer ihren saisonalen Wanderungen nachgehen. Die vielen tausend Elefanten Nordbotswanas gelten daher als die natürlichsten Herden der Welt – nirgendwo sonst können sie so ungestört und frei umherziehen.

Der Chobe: Ein Fluss mit wechselnden Namen

Dieser bemerkenswerte Fluss, der dem Nationalpark seinen Namen gab, wechselt während seines langen Weges aus Angola bis zur Mündung in den Sambesi immer wieder seinen Namen. Seine Quelle liegt im angolanischen Hochland, wo die Flüsse Utembo und Cuando sich zum **Kwando** vereinen, welcher auf seinem Weg nach Süden den Caprivistreifen durchströmt, bis er auf eine Erdspalte trifft, die Selinda Spillway, die ihn zu einem 90°-Knick nach Nordosten zwingt. An dieser Stelle verzweigt sich der Fluss zu einem fast 900 km² großen Sumpfgelände und wird jetzt **Linyanti** genannt. Auf seinem Weg nach Nordosten erreicht der Linyanti das Bett des ausgetrockneten Lake Liambezi und heißt von nun an **Itenge**. Etwa bei Ngoma Bridge kristallisiert sich aus der Schwemmebene wieder deutlich ein Fluss – nun wird er **Chobe** genannt und fließt gemächlich nach Osten, bis er bei Kasane schließlich in den Sambesi mündet.

Safari in Zimbabwe: Hwange NP

Mit 14 651 km² dehnt sich der größte Nationalpark des Landes über eine Fläche aus, die halb so groß wie Belgien ist. Im Westen grenzt der Park an das Nachbarland Botswana, im Süden und Osten an dünn besiedeltes Farmland und im Norden an weitläufige Jagdgebiete. Weite Teile des Parks sind für die Öffentlichkeit unzugänglich, nur der nördliche Teil wurde touristisch erschlossen. Ein rund 480 km langes Wegenetz erstreckt sich über dieses Gebiet.

Info Der Name des Nationalparks geht auf Chief Wange, den Erbauer Bumbusis, zurück. Von den Kolonialherren wurde der Name anglifiziert; nach der Unabhängigkeit wurde der „Wankie National Park“ dann wieder afrikanisiert und dabei die Shona-Schreibweise Hwange verwendet.

Parkentwicklung

Wegen ihrer trockenen Sandböden und des Wassermangels wurde diese Region kaum je besiedelt. Um 1834 ließen sich nördlich des heutigen Sinamatella Camps, wo kleine Flüsse dauerhafte Siedlungen ermöglichten, Angehörige der Nambya unter Chief Wange nieder. Sie gründeten die Hauptstadt Bumbusi, deren Ruinen heute noch in der Nähe des Bumbusi Camps stehen. Neben überwucherten Mauerresten blieb dort auch noch ein großer Eisenschmelzofen erhalten. Die Ndebele unter König Mzilikazi vertrieben die Nambya wenige Jahre später und erklärten weite Teile des heutigen

Oben: Elefantenbegegnung nahe Jambile Pan

Nationalparks zum königlichen Jagdgebiet. Nach dem Fall des Matabelereichs drangen zahlreiche europäische Jäger und Siedler in die Region vor und dezimierten den dichten Tierbestand. Zwischen 1904 und 1910 teilte die BSAC das ehemalige Nambya-Land unter den weißen Farmern auf, die damit allerdings nicht sehr glücklich wurden. Als man 1928 das Wankie Game Reserve einrichtete, geschah dies weniger zum Schutz der Tiere denn als Notlösung für eine Region, die wegen ihres latenten Wassermangels zur landwirtschaftlichen Nutzung ungeeignet war. Ted Davison, erster Aufseher im Wildreservat, durchwanderte das noch weitgehend unbekannte Gebiet und deckte durch seine Erhebungen das wahre Ausmaß der ungezügelten Jagd auf. Kaum noch tausend Elefanten zählte die Region, Nashörner waren vollkommen ausgerottet, viele andere Tierarten in ihrem Bestand bedroht. Mit großem Engagement förderte Davison die touristische Entwicklung, ging vehement gegen Wilderer vor und errichtete über 60 Bohrlöcher an trockenen Pfannen, um die Tiere ganzjährig mit Wasser zu versorgen und so auch während der Trockenzeit im Reservat zu halten. Unterstützung erhielt er bei seinen Ideen zum Tierschutz durch Herbert George Robins, der auf seinen weitläufigen Ländereien seit jeher Jagd und Wilderei untersagte, sodass sein Gebiet beim heutigen Robins Camp ein Refugium für Wildtiere darstellte. Nach Robins' Tod 1939 wurden seine Ländereien zum Robins Game Sanctuary erklärt.

Oben: H. G. Robins, Ausstellung im Main Camp; Unten: Ted Davison

Die vielen Wasserlöcher, die Davison im Park errichten ließ, um das Wild ganzjährig zu versorgen, waren der entscheidende Schritt für die Genesung des Tierbestands. 1949 fügte man das Wildreservat mit dem Robins Game Sanctuary zum Wankie Nationalpark zusammen. Damals gab es nur zwei Camps (Main Camp und Shumba), wo Besucher in einfachen Hütten unterkommen konnten, und es bestand die Möglichkeit, bei Robins' alter Farm ein Campinglager aufzuschlagen. Eintritt wurde im neuen Nationalpark noch nicht verlangt. In den folgenden Jahrzehnten entwickelte sich der junge Park allmählich zu einem beliebten Reiseziel. Nun wurden mehrere Touristencamps errichtet und Wege für Pirschfahrten angelegt. Mitte der 1970er Jahre wanderten endlich wieder 20 000 Elefanten durch den Park.

Seit den 1980er Jahren leidet die Nationalparkbehörde allerdings unter zunehmendem Geldmangel, der sich im neuen Jahrtausend katastrophal zuspitzte. Korruption ließ die zunächst noch hohen Einnahmen aus dem Jagdtourismus in unbekannte Kanäle fließen, während die Parks vernachlässigt wurden. Die Wege wurden nur noch unregelmäßig gewartet, Wilderei nahm kontinuierlich wieder zu, und viele Bohrlöcher trockneten regelmäßig aus, weil die Pumpen nicht mehr funktionierten und nicht ersetzt oder repariert wurden. In manchen Regionen, wie im Dete Vlei und in der Linkwasha Concession, übernahmen bereits in den 1990ern Privatpersonen und -firmen die Instandhaltung von Wegen und künstlichen Wassertränken sowie die Pflege der Vegetation. Seit dem freien Fall der zimbabwischen Wirtschaft ab dem Jahr 2000 hatte sich die Lage in den Parks weiter verschlechtert. Die Wildhüter besaßen keine Fahrzeuge und keinen Treibstoff mehr, um gegen Wilderer vorzugehen. Ihre Motivation blieb vollends auf der Strecke, als sie keinen Lohn mehr erhielten. Die Kommunikation zwischen den Camps brach zusammen. Hungersnöte trieben die verarmte Bevölkerung zum Wildern von „Bush Meat" in die Wildgebiete, gleichzeitig blühte der illegale organisierte Handel mit Elfenbein und dem Horn von Nashörnern wieder auf. Doch erstaunlicherweise gibt es genügend Menschen, die den Hwange NP lieben und trotz aller Rückschläge nicht aufzugeben bereit sind. So blieben selbst in den dunkelsten Jahren der Krise überall im Park

Bilder von oben: Mr. Matthew Nkomo, Wildlife Officer beim Robins Camp; Brückeneinsturz nahe Sinamatella; Info-Tafeln im Main Camp.
Rechts: Szenerie im Süden und im Sinamatella Camp

Wildhüter und Camp Attendants auf ihren Posten und hielten die Verwaltung zumindest notdürftig aufrecht. Engagierte Naturfreunde im Umfeld des Parks schlossen sich zu NGOs zusammen und gründeten Vereine, die auf der ganzen Welt Unterstützung suchten und direkt vor Ort tätig wurden. Sie reparierten Dieselpumpen und trieben mühevoll den Treibstoff für deren Betrieb auf, sie renovierten mehrere Picknickplätze und stellten kostspielige Windräder an Wassertränken auf. Die Tierbestandsermittlung wurde ehrenamtlich fortgeführt, Anti Poaching Units zur Bekämpfung der Wilderei finanziert, das Wegenetz gewartet und viel Aufklärungsarbeit in den Dörfern geleistet. Die wenigen privaten Safarilodges, die weiterhin hier ausharrten, organisierten viele Einsätze, die weit über ihr Aufgabengebiet hinausgingen. Sie fuhren die staatlichen Scouts für ausgedehnte Patrouillen im Park zu entlegenen Posten, übernahmen teilweise deren Verpflegung, sammelten Fallen und Drahtschlingen der Wilderer und bildeten eigenes Personal aus, um verwundete Tiere zu betäuben und zu verarzten. Die dauerhafte und engagierte Leistung von NGOs wie "Friends of Hwange" und „Painted Dog Conservation" hält die Grundstrukturen des Parks aufrecht. Dank dieser und vieler anderer Aktivisten ging der Kampf um den Tierbestand nicht verloren.

Inzwischen hat sich vieles zum Guten gewendet und zahlreiche Safarilodges öffneten wieder bzw. entstehen neu. Den oben genannten Akteuren gebührt jedoch besondere Anerkennung für ihren dauerhaften Einsatz.

Old Bulawayo Road

Entlang des Nationalparks kann man ab und zu noch Reste der Old Bulawayo Road entdecken. Diese frühkoloniale Fernverbindung bestand aus zwei schmalen Teer- oder Betonstreifen in der Spurbreite eines Fahrzeugs. 1968 wurde sie durch die moderne Asphaltstraße ersetzt.

Parköffnungszeiten

Februar – April:	6–18.30 Uhr
Mai – Juli:	6–18.00 Uhr
August – Oktober:	6–18.30 Uhr
November – Januar:	5.30–19 Uhr

Unten: Begegnung am Masuma Dam: Nilgänse treffen auf ein Krokodil

Infos für den Parkbesuch

Anreise

Die 22 km lange Hauptzufahrt zum Main Camp im Hwange NP beginnt an der Fernstrecke zwischen Bulawayo und Victoria Falls, etwa 175 km von Victoria Falls und 264 km von Bulawayo. Die gesamte Strecke ist geteert (mit Schlaglöchern!). Ab Victoria Falls sollte man ca. 3 Std. Fahrtzeit ansetzen.

Info: Bei KM-Stein 350, etwa 90 km südlich von Victoria Falls, passiert man eine Mautstation. Für Pkws ist 2 US$ Gebühr zu zahlen, für Minibusse und Taxis 4 US$.

Sinamatella Camp liegt 40 km von der Minenstadt Hwange entfernt. Man fährt von Victoria Falls zunächst 108 km auf der Teerstraße nach Hwange und von dort weitere 40 km auf einer breiten Piste zum Mbala Control Gate und dem Sinamatella Camp.

Robins Camp ab Victoria Falls: 48 km folgt man der Teerstraße nach Bulawayo, dann zweigt eine beschilderte Piste zur Matetsi Safari Area und dem Nationalpark ab. Nach 37 km, die größtenteils durch ansprechende Buschlandschaft führen, trifft man auf eine Gabelung. Hier geht es links nach 15 km zum beschilderten Parkeingang. 12 km dahinter liegt Robins Camp. In der Regenzeit sind auf dieser einsamen Strecke Allradantrieb und gute Bodenfreiheit wegen der vielen Auswaschungen und losen Steine erforderlich.

Touristische Infrastruktur

Früher gab es in allen drei Hauptcamps Main Camp, Sinamatella Camp und Robins Camp Tankstellen, Restaurants und Lebensmittelläden, doch sind diese Versorgungsstellen zwischenzeitlich zusammengebrochen und werden erst nach und nach wieder aufgebaut. Derzeit sollte sich jeder individuell in den Hwange NP Reisende möglichst selbst versorgen können und entsprechende Treibstoff-, Wasser- und Lebensmittelvorräte einplanen. Immerhin: Seit Ende 2022 gibt es wieder eine zuverlässige Tankstelle im Main Camp.

Straßenzustand

Innerhalb des Parks bemüht sich die Verwaltung um eine regelmäßige Wartung des Wegenetzes. Nach Regenfällen können in manchen Bereichen Auswaschungen auftreten, zudem gibt es steinige Wegpassagen und viele Schlaglöcher.

Oben: Die Beschilderung wird gelegentlich erneuert. Unten: Elefantenbulle beim Liebesspiel und ein Kronenkiebitz

Unterwegs im Park

Parkregeln für Autofahrer: Die Höchstgeschwindigkeit beträgt 40 km/h. Tiere haben Vorfahrt, Nacht- und Offroadfahrten sind verboten. Das Fahrzeug darf man nur an ausgewiesenen Plätzen verlassen. Zur Sicherheit der Besucher sollte bei allen Hauptcamps notiert werden, wohin die Fahrzeuge aufbrechen, um notfalls einen Suchtrupp losschicken zu können. Früher wurde dieses System streng eingehalten, dch inzwischen bemüht man sich nur noch beim Main Camp um eine ordnungsgemäße Registrierung aller Fahrzeuge.

Fahrten zwischen dem Main Camp und dem Sinamatella Camp werden nach Auskunft im Main Camp nach 12 Uhr nicht mehr erlaubt, weil man die 125 km lange Strecke andernfalls kaum vor Einbruch der Dunkelheit bewältigen kann. Zwischen dem Main Camp und Robins Camp (rund 150 km) gilt als späteste Abfahrt 13 Uhr, zwischen Robins Camp und Sinamatella Camp (70 km) gilt 15 Uhr.

Info Die drei Hauptcamps sind für die Vergabe der „Private Campsites“ zuständig.

Main Camp: Kennedy I, Ngweshla Pan, Guvalala Pan, Jambile Picnic Site und Makwa Pan.

Sinamatella Camp: Shumba Pan, Mandavu Dam und Masuma Dam.

Robins Camp: Deteema Dam

Oben: Toilette und Dusche in einem Private Camp, Rechts unten: Main Camp

Tipp An der Makwa Pan dürfen Touristen neben dem Hide campieren; dies lässt sich jedoch nur direkt im Main Camp buchen (29 US$ pP)

Die staatlichen Camps im Nationalpark

In den Hauptcamps stehen unterschiedliche Ferienhäuser und Campingplätze zur Verfügung. Lodges und Cottages sind komplett zur Selbstversorgung ausgestattete Ferienhäuser mit ein bis zwei Schlafzimmern, Küche mit Herd/Ofen, Kühlschrank, Badezimmern, Stromanschluss (soweit vorhanden). Lodges bieten außerdem Kochgeschirr und Besteck. Bei den Chalets gibt es dagegen nur externe, gemeinschaftliche Kochgelegenheiten und Sanitäranlagen. Alle Unterkünfte werden morgens und nachmittags für ein paar Stunden von einem „Attendant“ (Hauspersonal) betreut, der sie sauber hält, bei Bedarf Geschirr spült oder das Feuer schürt. Pro Nacht kosten diese Chalets, Cottages und Lodges zwischen 60 und 160 US$. Die einstigen „Exclusive Camps“ Bumbusi und Lukosi wurden stillgelegt; Nantwich Camp und Robins Camp dagegen privatisiert (siehe S. 187 und S. 192). Übernachtungen in den staatlichen Unterkünften können vorab bei der Parkbehörde reserviert werden (Adresse siehe rechts: Central Reservations Office in Harare).

Camping: Main Camp und Sinamatella Camp verfügen jeweils über ein großes Campingareal mit gemeinschaftlichen Sanitäranlagen für 17 US$ pro Person und Nacht. Zusätzlich verteilen sich im Park mehrere „Picnic Sites“ und Aussichtsplattformen, an denen die Besucher tagsüber rasten können, wo man bei entsprechender Reservierung aber auch campieren darf. Hier zu übernachten war früher den allerwenigsten Reisenden vergönnt, denn sie werden nur an eine Einheit vergeben und waren daher meistens schon viele Monate im Voraus ausgebucht. Auch heute noch werden diese beschaulichen und idyllischen Plätze gegenüber den schmucklosen Hauptcamps bevorzugt, obwohl sie deutlich teurer sind: Eine Übernachtung auf den begehrten Picnic Sites Shumba, Masuma, Deteema, Kennedy 1 und Ngweshla kostet 200 US$ pro Nacht (für bis zu sechs Personen, jede weitere Person zzgl.50 US$). An den Picnic Sites Mandavu und Jambile sowie an den Plattformen Guvalala und Makwa kostet die Übernachtung 150 US$ (für bis zu drei Personen, jede weitere Person zzgl.50 US$). Diese Preise gelten für alle Vorausbuchungen in Harare. Bucht man Picnic Sites dagegen als „Walk-In-Customer“ bei der Ankunft vor Ort, kosten sie stets 50 US$ pP. Dabei ist zu beachten, dass für die Plätze jeweils eines der drei Hauptcamps zuständig ist und eine Buchung nur dort getätigt werden kann (siehe links oben). Im besten

Fall telefonieren die Wildhüter in den Camps miteinander und helfen dem Reisenden so zu seiner Buchung.

Die Regel, solche Camps nur an eine Einheit pro Nacht zu vergeben, wurde beim Sinamatella Camp etwas aufgeweicht, wo für Mandavu Dam, Masuma Dam und Shumba Pan auch mehreren Touristeneinheiten Camping erlaubt wird. Es wurden dafür sogar zusätzliche Feuerstellen angebracht. Weitere Infos zu den Picnic Sites: ab S. 188.

Kontakt- und Reservierungsadresse:

Central Reservations Office
Parks & Wildlife Management Authority
Ecke Sandringham & Borrowdale Roads,
Botanical Gardens, Causeway, Harare.
Tel. +263-242-707624–8, +263-242-18371 und +263-774-041757,
E-Mail: bookings@zimparks.co.zw,
www.zimparks.org.zw

Eintrittsgebühren

Besucher aus den SADC-Staaten im südlichen Afrika zahlen 15 US$ Eintritt (Übernachtungsgäste 8 US$); internationale Gäste (z. B. Europäer) 20 US$ Eintritt (Übernachtungsgäste 10 US$). Fahrzeuge mit Zimbabwe-Kennzeichen kosten 5 US$, alle anderen 10 US$ (für Übernachtungsgäste 2 bzw. 3 US$ pro Tag).

Bei allen Camps ist ein Attendant anwesend, der die Anlage säubert, sich um Wasser und Feuerholz kümmert, die Dieselpumpe der Wasserstelle in Ordnung hält und ansonsten eher unauffällig im Hintergrund bleibt. Diese Männer verbringen oft elf Monate ohne Unterbrechung im Camp und erhalten nur einmal monatlich Lebensmittel geliefert (einen großen Sack Maismehl). Ihre einzige Unterhaltung sind die wechselnden Besucher. Attendants erhalten einen Lohn von rund 400 US$ für 30 Tage Arbeit. Sie machen Ihrem Attendant daher eine große Freude, wenn Sie ihm z. B. eine Tageszeitung oder Zigaretten mitbringen, noch viel wertvoller ist natürlich eine kleine Ernährungsaufbesserung in Form frischer Lebensmittel.

Die Vegetation

Der Park liegt auf einem flachen Plateau zwischen 940 und 1155 m Höhe. Seine verschiedenen Vegetationsformen sind Folge unterschiedlicher Bodenarten. Den größten Teil des Parks bedecken lockere Kalaharisandböden, die sich besonders im Süden und Zentrum ausbreiten. Vor Jahrmillionen bedeckten bis zu 80 m hohe Dünenzüge das Gebiet, die seither durch Erosion auf maximal 10 m Höhe abgetragen wurden. Die Wellenstruktur kann man beim Überfliegen des Gebietes noch erkennen. Wie in Botswana findet man hier noch Zeugen alter Flussläufe, die einst dem Makgadikgadi-Becken der Zentralkalahari entgegenströmten. Diese fossilen Flussbette, heute Vleis genannt, entsprechen Sumpfsenken, die während der Regenzeit teilweise bewässert werden. Die frischen Grasdecken solcher Vleis bilden beliebte Weidegründe für Gnus, Zebras, Büffel, Rappenantilopen und Impalas.

Mehr als tausend verschiedene Pflanzen, darunter 200 Gräser und 250 Bäume, sind im Hwange Nationalpark heimisch. Im sandigen Süden und Zentrum herrschen Mopanegestrüpp, Combretum-Busch, Akazienwälder und Grassavannen vor. Die beiden Kennedy Pans und Linkwasha Vlei sind schöne Beispiele fossiler Flussbette, wie sie vorab beschrieben wurden. An den Rändern von Graspfannen und Vleis wachsen blassgrüne Silberterminalia (*Terminalia Seringa*) zwischen den Grasebenen und dem angrenzenden Wald. In der Nähe des Main Camps, das auf einem großen Kalahari-Sanddepot liegt, findet man lockeren Combretum-Busch und prächtige Exemplare des Falschen Mopane (*Guibourtia coleosperma*).

Nördlich einer kaum merklichen, auf Höhe der Shumba Pan verlaufenden Wasserscheide dominieren Mischwälder mit Mopane, Teak-, Terminalia- und Brachystegia-Hölzern. Die Sinamatella-Region liegt auf etwa 200 Millionen Jahren altem Gestein der Karroo-Periode, in der die immensen Kohlevorkommen entstanden, die in der Mine von Hwange abgebaut werden. Typisch sind hier Granitfelsen und steinige Höhenzüge, auf denen bevorzugt Teakholzwälder gedeihen.

Im Nordwesten, beim Robins Camp, begünstigen Basaltböden mit schwarzer Lehmerde den dichten Mopanewald und kräftigen Grasbewuchs. Entlang der vielen Flüsse und Bäche wachsen vereinzelt Akazien, Mukwa, Ebenholz und Leberwurstbäume.

Windräder und Dieselpumpen sind im Hwange NP stets an natürlichen Senken und Pfannen angelegt, die in feuchten Perioden als natürliche Wasserquellen dienen. Somit handelt es sich eigentlich nicht um künstliche Wasserstellen, sondern eher um Tränken und Sumpfsenken, die künstlich am Austrocknen gehindert werden.

Oben: Impala Lilly (*Adenium multiflorum*) aus der Familie der Wüstenrosen

Unten: Akazienwald im Kalahari-Sandbett im Amanga Vlei

Bilder links von oben: Die Karroo-Vegetation bei Sinamatella; Blätter des Blutfruchtbaums (*Terminalia prunioides*); Gefleckte Buschschlange (*Philothamnus semivariegatus*); Weißlinge (*CPieridae*)

Wie der Tierbestand ermittelt wird

Manch einer wird sich fragen, wie die Wissenschaftler die Bestandszahlen der Wildtiere ermitteln, wo doch viele Arten große Wanderungen im Park und bis nach Botswana unternehmen. Man spricht bei Elefanten von Abweichungen von bis zu 30 %, denn wer kann schon sagen, ob ein Elefant nicht auch in Namibia, Botswana und Zambia gezählt wurde oder vielleicht nirgendwo? Daher sind solche Zahlen immer mit einer gewissen Vorsicht zu betrachten. Leichter hat man es da mit sesshaften Tierarten wie den Impalas. Eine der Methoden, wie im Hwange NP Tierzählungen durchgeführt werden, ist das gleichzeitige Erfassen aller Tiere, die bestimmte Wasserstellen im Park innerhalb von 24 Stunden aufsuchen. Für Tiere, die einmal täglich trinken müssen, ergeben sich daraus verwendbare Zahlen.

Die Tierwelt

Vorweg ein paar Zahlen, die untermauern, wie artenreich dieser Nationalpark ist: 107 verschiedene Säugetiere, davon 27 Raubtierarten, leben im Hwange Nationalpark. Von den 33 Antilopenarten des südlichen Afrikas sind hier 18 vertreten. Zu den häufigsten zählen Impalas, Ducker, Kudus, Gnus, Rappenantilopen und Wasserböcke. Seltener sind Pferde- und Leierantilopen, Buschböcke, Klippspringer, Oribis, Riedböcke und Oryxantilopen. Auch die Reptilien sind zahlreich vertreten. Es sind 30 verschiedene Echsen bekannt, 24 Frosch- und 45 Schlangenarten, von denen übrigens nur sechs Arten giftig sind. Sehr auffallend ist die hohe Verbreitung von Landschildkröten, vor allem der Pantherschildkröten.

Die Elefanten, deren Bestand sich in weniger als 50 Jahren von knapp 1000 Tieren (1930) auf fast 40 000 Elefanten erholte, gelten heute als Naturgefährder, weil diese Anzahl deutlich über der verträglichen Menge von 12 000 bis 15 000 Tieren liegt. Weder die Nahrung noch das Wasser im Park reichen für so viele Elefanten. Betrachtet man die zerstörte Landschaft um das Sinamatella Camp, wo durchziehende Elefantenherden praktisch keinen Baum über 2 m stehen ließen, kann man die Sorgen verstehen – hier waren offensichtlich zu viele Elefanten in einer Region. Doch den offiziellen Zahlen stehen viele Tierschützer skeptisch gegenüber. Weil Elefanten riesige Wanderungen unternehmen, ist es leicht möglich, dass einzelne Herden doppelt gezählt und erfasst werden. Außerdem hat die Wilderei in diesem Jahrtausend deutlich zugenommen. Niemand kann heute mit Bestimmtheit sagen, wie viele

Elefanten überhaupt im Park leben. Wann zählt ein Elefant denn eigentlich als Hwange-Elefant? Ist er nicht gleichzeitig ein botswanischer Chobe-Elefant und womöglich auch ein zambischer oder ein namibischer Caprivi-Elefant, weil er im Vierländereck frei umherziehen kann? Wahrscheinlich sollte man die Elefantenpopulation nicht so regional und auf einzelne Parks begrenzt bewerten.

Die von den Europäern vollständig ausgerotteten Nashörner wurden 1966 wieder angesiedelt, als man 35 Tiere aus Natal im Park aussetzte. Davon haben allerdings nur wenige überlebt. Der Wilderei ist man nie ganz Herr geworden, deshalb wurde die relativ zutrauliche Breitmaulnashorn-Familie, die in direkter Umgebung des Main Camps lebte, schon in den 1990ern in den Matobo NP deportiert. Von dort wiederum siedelte Wilderness Safaris einige Breitmaulnashörner in die Linkwasha Concession um. Eine unbekannte Anzahl Spitzmaulnashörner lebt eventuell noch versteckt in den Wäldern bei Sinamatella und dem Masuma Dam.

Links von oben: Impalaherde, Bärenpaviane
Unten: Eines der seltenen Breitmaulnashörner im Park

Südrhodesische Jagdverordnung im Jahre 1948

In der Mitte des 20. Jahrhunderts war die Jagd auf afrikanisches Wild nicht nur von kommerziellem Interesse, sondern auch ein weit verbreiteter Freizeitsport von ansonsten häuslichen Familienvätern und urlaubenden Stadtbewohnern in den afrikanischen Kolonien. Die meisten europäischen Siedler peilten Wildtiere damals lieber mit Kimme und Korn an als mit einer Fotokamera. In Südrhodesien gab es dafür klare Regeln. Nur ein Britisches Pfund kostete die Lizenz zum Töten „gewöhnlichen Wilds“, dem Ducker, Steinantilopen, Oribis, Warzenschweine, Gnus, Greisböcke, Klippspringer, diverse Enten, Gänse und Hühnervögel zugeteilt wurden. „Besonderes Wild“, das waren Büffel, Zebras, Ried- und Buschböcke, Rappenantilopen, Wasserböcke, Pukus, Lechwes, Tsessebe und Impalas, kosteten Einheimische 5 Pfund Gebühr, einen Fremden 25 Pfund. „Kapitales Wild“ war bei einheimischen Schützen 25 Pfund wert, bei Ausländern das Doppelte. Dafür durfte der Lizenznehmer dann ein Tier der Spezies Elefant, Nashorn, Hippo, Giraffe, Sitatunga, Strauß, Elen-, Kuh- oder Pferdeantilope töten. Ausdrücklich ohne Lizenz geschossen werden durften Löwen und Leoparden – sie waren damals tatsächlich Freiwild.

Unheilsboten: Kaffernhornraben

Weit verbreitet ist der Aberglaube, Kaffernhornraben seien Unglücksboten. Sie gelten zusammen mit Hyänen und Nachtschwalben als Hexenbegleiter. Ihre rote Kehle sei ein Symbol des Verderbens, des Blutes und der Todesgefahr.

Ornithologen haben 420 Vogelarten im Nationalpark identifiziert, darunter mehr als 50 verschiedene Raubvögel. Die Kalahari-Sandfelder mit ihren trockenen Savannen im südlichen Parkgebiet besiedeln Gelbschnabeltokos, Lappenstare, Amethystglanzstare, Fleckenflughühner und Kronenkraniche. In der waldreichen Sinamatella-Region sind Haubenbartvögel, Rotschnabeltokos und Kaffernhornraben verbreitet. Drongos, Wiedehopfe und Sporenkuckucke sind im ganzen Park heimisch. An den Tümpeln und Stauseen halten sich vor allem Waffenkiebitze, Hammerköpfe, Marabus und Kuhreiher auf.

Achten Sie nach Regenfällen auf Schildkröten und Chamäleons. Nach dem ersten heftigen Regen der Saison verlassen fliegende Termiten zu Tausenden den Boden, und die lauten Frösche quaken offenbar voller Lebensfreude um die Wette.

Die riesigen Ausmaße des Schutzgebiets verführen manchmal zu Fehleinschätzungen über den Tierbestand. Außerdem zeigen viele Wildtiere ein ausgeprägtes Wanderverhalten. So verlassen die meisten Herden nach starken Regenfällen innerhalb eines Tages die Wassertränken an den Pfannen und ziehen für Monate in das dicht bewachsene Hinterland. Zurück bleiben dann nur sesshafte Tierarten wie z. B. Buschböcke. Für den Touristen entsteht dabei schnell der Eindruck, es gäbe keine Tiere mehr im Park.

Oben: Fleckenflughuhn. Unten: Diebische Grünmeerkatze. Rechts im Uhrzeigersinn: Pantherschildkröte, Blatthornkäfer, Nilwaran, Ochsenfrosch, Waran und Tropenwürger.

Klima und Reisezeit

Die beste Saison für Tierbeobachtungen ist die trockene Jahreszeit zwischen Mai und Oktober. Ab Juni, wenn die Nächte bitterkalt und die Tage kühl sind, fallen die Blätter von den Bäumen, die Vegetation lichtet sich, und viele natürliche Wasserquellen versiegen. Früher mussten die Tiere dann lange Wanderungen in feuchtere Regionen unternehmen, doch seit künstliche Wasserstellen eingerichtet wurden, können sie ganzjährig im Park bleiben. Sie konzentrieren sich jetzt in größeren Herden auf die verbliebenen Wasserstellen, was die Pirschfahrten sehr erleichtert. Ab September wird es deutlich wärmer, die Nächte sind nicht mehr so kalt, dafür klettert das Thermometer tagsüber auf 30° C und mehr. Jetzt beginnen die heißen Wochen (der Oktober wird im Volksmund Suicide Month genannt), in denen kühle Morning Drives noch Spaß machen, man aber die Mittagszeit am liebsten im Schatten verbringt. Andererseits sind Sonnenuntergänge niemals schöner als in dieser heißen Jahreszeit. Während der Regenzeit, die im November oder Dezember einsetzt, muss man seine Erwartungen schon etwas zurückschrauben, denn die dichte Vegetation bietet den Tieren guten Sichtschutz. Die Herden können sich weit verteilen, da sie jetzt überall frisches Wasser finden. Dafür lockt die Vogelwelt umso stärker, weil viele Zugvögel zum Überwintern in den Park kommen und Wasservögel in dieser Zeit brüten. Die Bedingungen für das Fotografieren sind sehr unterschiedlich; an regenverhangenen Tagen ungünstig, wenn die Sonne dagegen nach einem Schauer vor dunkelblauem Himmel strahlt, besonders gut.

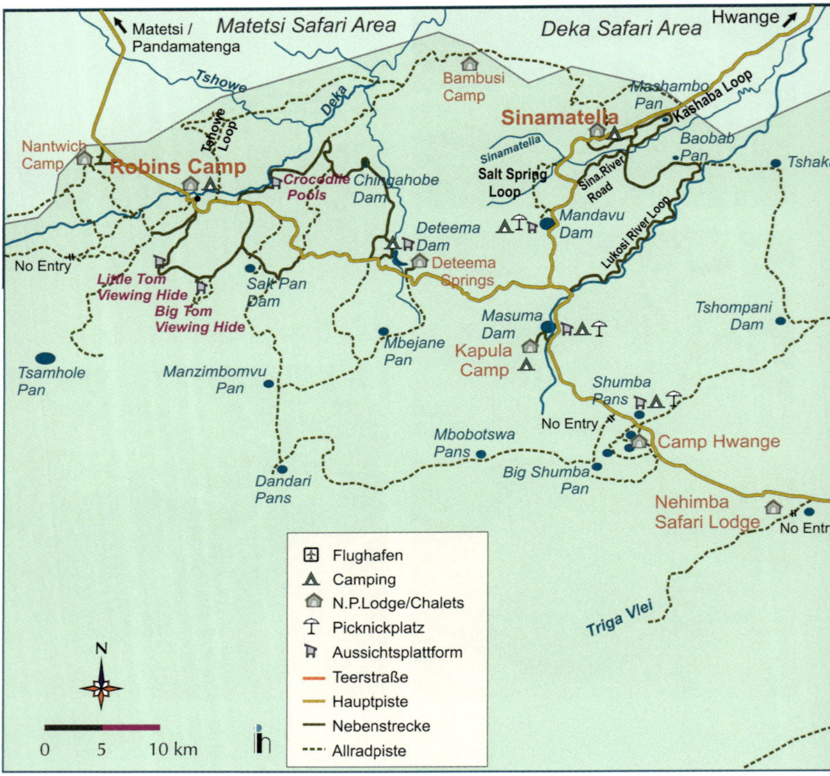

Pirschfahrten in der Main Camp Area

Die Main Camp Area ist das Zentrum des Parks. Früher begegneten dem Reisenden überall die Pirschfahrzeuge der Luxuslodges. Zwar ist hier weiterhin die stärkste Konzentration, doch überlaufen kann man dieses Gebiet wahrhaftig nicht mehr nennen. Zudem halten sich hier in den letzten Jahren weniger Tiere auf als weiter im Süden des Parks.

Plattformen und Pfannen der Umgebung: Die Nyamandhlovu Platform & Pan eignet sich gut für ein ausgiebiges Picknick, während man Wildtiere und Vögel an der Wasserstelle beobachtet. Bei Vollmond kann man auch Nachtfahrten zur Plattform unternehmen (40 US$, die Anmeldung zum Moonlight Viewing erfolgt im Main Camp). Folgt man der ruppigen Schotterstraße, erreicht man nach weiteren 18 km die noch einsamere Guvalala Platform & Pan, wo meistens schon die

Tipp Was hier besonders reizvoll ins Auge des Betrachters sticht, sind die weiten gelben Grassavannen mit ihrem Akazienbestand und knorrigen Exemplaren des „Falschen Mopane“, zwischen denen sich ganz offensichtlich Giraffen, Rappenantilopen und Kudus sehr wohl fühlen

Rechts: Touristen auf der Makwa Plattform

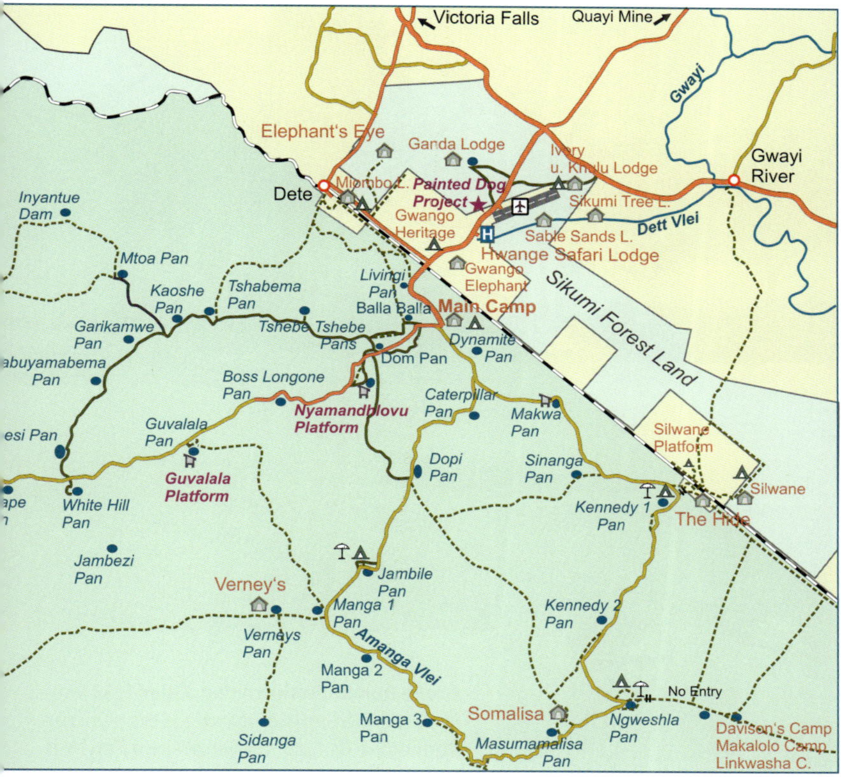

Gelbschnabeltokos auf Brotkrumen warten. Diese Tränke wird gerne von Steinantilopen, Gnus, Giraffen und Zebras aufgesucht, auch Elefanten und Kudus sind häufig zu sehen.

Noch 11 km weiter, an der Abzweigung zur White Hill Pan, kann man auf einer einsamen Schotterpiste über die Pfannen Bembesi, Kaoshe und Tshebe Tshebe zum Main Camp zurückkehren. Diese Pans werden teilweise auch ganzjährig durch solarbetriebene Bohrlöcher gespeist.

Große Rundfahrt durch den Süden (133 km): Eine Augenweide ist die Strecke zur Kennedy 1 Pan, die an der Makwa Pan (mit einem Hide, an dem man auch campieren darf) vorbei durch abwechslungsreiche Wälder mit Falschem Mopane führt. Leider ist der Streckenabschnitt viel befahren und hat sich zu einer Wellblechpiste entwickelt. Das wird besser, sobald man bei Kennedy 1 Pan nach Süden in Richtung Kennedy 2 Pan und zur Ngweshla Pan abknickt, denn jetzt folgt die deutlich schmalere Fahrspur dem lieblichen fossilen Flusstal Ngweshla Vlei. Hinter dem hohen Gras stehen am Horizont dichte Akazienwälder mit uraltem Baumbestand. Die sanfte Graslandschaft des Vleis und die Tränke bei Kennedy 2 (mit einem neuen Hide) sind das bevorzugte Weidegebiet für viele Antilopen. Speziell zwischen April und Oktober weist die Gegend bei

Kennedy 1 Pan und Kennedy 2 Pan eine ungewöhnliche Dichte an Giraffen und Zebras auf. Wenn sie im späten Nachmittagslicht friedlich im gelben Gras stehen und ein paar flinke Schakale geräuschlos am Horizont vorbeihuschen, gehört die Szenerie zu den schönsten Eindrücken des Hwange Nationalparks (alle Bilder dieser Seite enstanden dort).

In diesem Bereich hat man auch die besten Chancen, Schabrackenhyänen zu entdecken. Das Gebiet an der Ngweshla Pan bietet mehrere Rundwege inmitten einer wunderschönen Naturlandschaft, in der Ordeal Tree (*Erythrophleum africanum*) und verkrüppelte Herero-Buschweiden (*Combretum hereroense*) vorherrschen. Hier sollten Sie besonders nach Oryx- und Pferdeantilopen Ausschau halten (Oryxantilopen kommen in Zimbabwe nur hier im südlichen Hwange Nationalpark vor). Außerdem sind Elefanten, Büffel, Zebras, Warzenschweine und Giraffen häufig. Bei den Vögeln sind auch stattliche Vertreter wie Strauß, Sekretär, Riesentrappe und Kronenkranich (Foto links) heimisch. Auf der einsamen Weiterfahrt durch das schöne Amanga Vlei über die mit Wasserpumpen ausgestatteten Pfannen Manga 1–3 verändert sich die Vegetation; man fährt nun durch Terminalia- und Akaziengebüsch. Der Jambile Picnic Site liegt dann schon in einer bewaldeten Umgebung und ist bekannt für Elefanten, Hyänen und Rappenantilopen.

9 km weiter trifft man an der Dopi Pan auf eine Gabelung, wo es links zur Dom Pan oder über die Caterpillar Pan zum Main Camp zurück geht.

Oben: Typisches Impala-Verhalten: Diese zierlichen Antilopen sieht man meistens von hinten, weil sie sich zurückziehen

Unten: Verkehrsschild beim Main Camp

Vom Main Camp zum Sinamatella Camp: Anreise bis zur White Hill Pan wie auf S. 168 beschrieben. Die einspurige, schwer beschädigte Teerstraße ist leider abgetragen und „verschlimmbessert" worden, denn nun verläuft sie als mörderisch harte Schotterpiste durch die halboffene, mit Pfannen durchsetzte Savannenlandschaft und lässt sich noch mühseliger befahren als zuvor. Der struppige Mopane- und Combretumbewuchs erreicht durch die Überweidung kaum mehr als Buschhöhe. An der Shapi Pan, die etwas abseits der Straße liegt, versorgt ein Windrad die Wildtiere mit Wasser. Elefanten und Büffel lieben die sandige Tränke, wie ihre Losung und viele Spuren verraten. Danach wird die Strecke noch einsamer. Die Vegetation verdichtet sich, die hellen Kalahari-Sandböden bleiben zurück und machen dem Karroo-Gestein Platz. Die Straße erreicht nach 80 km den **Shumba Picnic Site** und die nahegelegene kleine Plattform an der Shumba Pan. Der engagierte „Save Hwange Trust" renovierte das winzige Camp unter dem ausladenden Feigenbaum liebevoll zu einem schattigen idyllischen Kleinod. In diesem Gebiet liegen eine Reihe kleinerer Pfannen, die eine Wasserscheide kennzeichnen. Diese Region ist bekannt für viele Elefanten, Zebras, Kudus und Löwen.

Auf der Weiterfahrt auf nun wieder besserer Piste verändert sich die Umgebung, es wird nämlich hügelig und bewaldet. Der Boden wird nun felsig und steinig, und in der Ferne treten Berge und Felsplateaus hervor.

Kurvig führt die Strecke durch Felsen und dichten Mopanewald, dem bevorzugten Lebensraum von Kudus, Busch- und Greisböcken, von zahlreichen Mangusten und Buschhörnchen. Leoparden schätzen diese trockenen Flussbette und deckungsreichen Felsblöcke sehr. Sie bieten außerdem eine der besten Gelegenheiten, um im Hwange Nationalpark die sehr scheuen Klippspringer-Antilopen zu entdecken.

Unten: Weiblicher Buschbock; Großfleck-Ginsterkatze auf nächtlichem Beutezug; ein prächtiger Leopard und ein typischer Markierungsstein am Wegesrand.

Upside Down Hippo

In den 1990er Jahren gab es vormittags an der Shumba Pan ein ungewöhnliches Schauspiel zu besichtigen: Ein einzelgängerisches Flusspferd pflegte dort aus unerklärlichen Gründen die Marotte, auf dem Rücken liegend alle vier Füße in die Luft zu strecken. Weil es dabei seinen Kopf unter Wasser hielt, musste sich das Hippo alle fünf Minuten zum Luftholen umdrehen. Stundenlang genoss das Flusspferd seinerzeit vormittags diese merkwürdige Rückenlage.

Bald erreicht man den beliebten, leicht erhöhten **Masuma Dam** Picnic Site, wo eine große Plattform weiten Ausblick über die Wasserstelle gewährt. Die Gegend ist extrem wildreich. Von allen Himmelsrichtungen führen Elefantenpfade auf den Wassertümpel zu. Wasserböcke, Kudus, Giraffen und Pferdeantilopen gesellen sich zu den Dickhäutern, in der späten Dämmerung manchmal auch Hyänen und Löwen. Krokodile und Hippos genießen das kühle Nass, während im Westen die Sonne glutrot über dem Wassertümpel verschwindet. Und es gibt hier häufig etwas besonders Ulkiges zu beobachten: Wasserschildkröten, die dicht gedrängt auf dem Rücken der Flusspferde sonnenbaden! Wann immer die Flusspferde abtauchen, gleiten auch die Schildkröten ins Wasser, um kurz danach wieder auf einen Hipporücken zu klettern.

Entlang der Strecke zum Mandavu Dam wird die Vegetation wieder trockener und zeigt schwere Erosions- und Pflanzenschäden. Elefanten haben dem Wald derart zugesetzt, dass die meisten Bäume kaum mehr höher als in Buschgröße wachsen. **Mandavu Dam** Picnic Site liegt abseits über einem ausgedehnten Stausee, aus dem noch die abgestorbenen Zweige überfluteter Bäume ragen. Dieser Picknickplatz bietet viel Raum und einen schattigen Unterstand über dem Seeufer. Wildtiere kommen nicht so oft nahe an das Camp heran, dafür haben Klippschliefer-Familien das Gelände annektiert (Fotos rechts). Sie sind relativ zutraulich und ein beliebtes Motiv für endlose Fotoserien.

Die letzten 12 km schlängelt sich der steinige Weg durch die hügelige Landschaft und führt schließlich in einem weiten Bogen zum knapp 60 m hohen Felsplateau und dem Sinamatella Camp hinauf.

Von oben: Aussichtsplattform am Masuma Dam, Giraffe, Wassertriel, Zufahrtsschild zum Mandavu Dam

Der Klippschliefer,
(*Procavia capensis*)

eine kuriose Spielart der Evolution

Es klingt wie ein Aprilscherz, wenn man hört, dass des Klippschliefers näheste Verwandten Elefant und Seekuh heißen. Äußerlich lässt jedenfalls nichts auf dieses vertrackte Verwandtschaftsverhältnis schließen. Schliefer sehen aus wie pummelige Murmeltiere mit einer höchst merkwürdigen Anatomie: Sie haben einen zusätzlichen Blinddarm, kleine Hufe und einziehbare, gummiartige Fußsohlen, die von Schweißdrüsen ständig feucht gehalten werden. Das ist das Geheimnis der höchstens 55 cm großen Kletterkünstler, die auch auf glattem Gestein behände und sicher unterwegs sind. Die Vegetarier sind so sonderbar, dass sie im Tierreich eine eigene Ordnung darstellen. Ihre Backenzähne gleichen denen von Nashörnern und ihre Schneidezähne denen der Elefanten. Die DNS der Klippschliefer verrät schließlich, was kaum zu glauben ist, nämlich dass ihr Erbgut für den Knochenbau dem der Seekühe und Elefanten so ähnlich ist, dass alle drei Spezies einen gemeinsamen Vorfahren, die Überordnung *Afrotheria*, hatten – allerdings vor rund 80 Mio. Jahren.

Pirschfahrten in der Sinamatella Area

Oben: Der Ausblick von der Restaurant-Terrasse im Sinamatella Camp

Unten: Gelbbauchammer (*Emberiza flaviventris*)

Fotos rechts von oben: Buschhörnchen, Haubenbartvogel, Angola-Schmetterlingsfink, Abendszenerie am Mandavu Dam

Tierbeobachtungen im Camp: Morgens turnen auf den Bäumen, die an den Hängen des steil abfallenden Plateaus wachsen, muntere Klippschliefer. Zur gleichen Zeit sind am Boden Zwergmangusten und Buschhörnchen auf Nahrungssuche unterwegs. Zahlreich sind die Vögel: Meves-Glanzstare, Graulärmvögel (der „Go-away-Bird"), Mahaliweber, Haubenbartvögel und Graubülbül gehören zu den regelmäßigen Campbesuchern. In der Regenzeit kommen Schmarotzermilane hinzu, die sich in einem eleganten Steilflug auf Essensreste hinabstürzen. Das eine oder andere Mal wandert ein Elefant durch das Camp, aber im Allgemeinen kommt Großwild nicht so nahe heran. Nachts besuchen ganz vereinzelt Hyänen und Schakale das Camp, auch streifen manchmal Honigdachse umher. Doch generell sind heute hier viel weniger Wildtiere zu entdecken als in den Jahren vor der Krise.

Die Umgebung: In den teils dichten Mischwäldern dieser Region fühlen sich Spitzmaulnashörner traditionell sehr wohl, doch werden sie massiv von Wilderern bedrängt. Man sieht auch kaum noch Pferde- oder Rappenantilopen. Zwei kleinere Afrikanische Wildhund-

Rudel sollen hier ihr Revier haben. Am Kashawa Loop Drive und dem Lukosi River Drive, wo man entlang gewundener Flussbette fährt, sollte man nach Leoparden Ausschau halten. Die Wege sind während der Trockenzeit in passablem Zustand, die meisten Furten wurden betoniert, sind aber teilweise beschädigt. Nach Regenfällen weichen viele Streckenabschnitte auf. Der Salt Spring Loop sollte dagegen generell nur mit Allradfahrzeugen befahren werden.

Vom Sinamatella Camp zum Robins Camp: Diese Strecke darf offiziell in beiden Richtungen nicht mehr nach 15 Uhr angetreten werden! Etwa auf halber Strecke zwischen Mandavu und Masuma Dam zweigt die breite Schotterstraße zum Robins Camp ab. Sie führt bis zum Deteema Dam durch Mopanewald. An der kurzen Zufahrt zum neuen Deteema Springs Camp, dem ehemaligen Deteema Picnic Site, liegen entlang des Weges versteinerte Hölzer. Die zweite etwas längere Zufahrt kommt 2 km später und führt zur Aussichtsplattform direkt am Stausee. Der Platz ist schattenlos, bietet aber einen weiten Blick auf den See und ist deshalb sehr beliebt bei Campern. Je weiter man sich Robins Camp nähert, umso lehmhaltiger wird der Boden. Die Vegetation wirkt wieder freundlicher und weniger angegriffen als in Sinamatella. Schon von Weitem sieht man den Turm von Robins Camp, der aus der flachen Umgebung ragt.

Pirschfahrten in der Robins Camp Area

Tierbeobachtungen im Camp: Nahe Robins Camp ist eine kleine Wasserstelle, die gerne von Wasserböcken, Zebras und Büffeln besucht wird. In dem kleinen Hide direkt daneben haben ein bis zwei Personen Platz. Bis vor Kurzen grasten Warzenschweine seelenruhig auf den Wiesen im Camp, Mangusten durchforsteten vormittags den Campingplatz nach Essensresten, und Hyänen stöberten nachts herum. Sogar Löwen unternahmen nächtliche Campbesuche. Mit der Privatisierung des Camps kamen die elektrische Umzäunung und das Ende jeglicher Wildtierbesuche. Dafür gilt Robins Camp heute als kindersicheres Familienresort. Nachts hört man immerhin noch die Hippos im Deka River grunzen.

Die Umgebung: Die Region gilt als typisches Löwengebiet. Weite Flächen sind mit Mopanewald bedeckt, wie ihn Impalas und Wasserböcke lieben. Hier leben auch Tierarten, die anderswo im Hwange Nationalpark selten vorkommen, z. B. Riesentrappen, die größten noch flugfähigen Vögel Afrikas. Beliebt sind die Pirschfahrten entlang dem Mahohoma Drive und zu den Aussichtspunkten Little Tom und Big Tom, deren 6 km lange Zufahrt im Gebüsch entlang eines sumpfigen Vleis verläuft. Little Tom ist ein frisch renovierter Ausguck mit Dieselpumpe am Wasserloch. 5,6 km weiter gewährt die hohe, schmale Plattform von Big Tom einen deutlich besseren Ausblick auf die Tümpel im Flussbett des Tom River (auch mit Dieselpumpe). Von hier kann man nach 11 km den weitflächigen Salt Pan Dam erreichen. Da in seinem Gebiet mehrere Quellen liegen, führt er stets Wasser. Furchtsame Elefantenherden und zahlreiche schnatternde Frankoline sind hier auffällig. Der Rundweg kann nach anhaltenden Regenfällen jedoch nicht befahren werden, weil der dunkle Lehmboden stark aufweicht.

Ein weiterer sanierter Ausguck mit algengrünem Wasserloch steht Besuchern nach 3 km Zufahrt bei Crocodile Pools zur Verfügung. Von hier führt der Weg weiter zum sehr einsamen Chingahobe Dam, der jedoch häufig trocken liegt. Auch am Tshowe Loop im Norden werden oft Löwen erspäht.

Fotos links: Die einsame Aussichtsplattform Big Tom, Witwenpfeifgänse

Fotos rechts: prächtige Pferdeantilope; der winzige Ausguck im Robins Camp.

Das Grab eines Pioniers

Beim Nantwich Camp am westlichen Parkrand ruht Percy Durban Crewe, einer der ersten Siedler in Rhodesien, der hier schon 1896 für die BSAC tätig war. Er starb 69-jährig 1931 in Wankie. An seiner Ruhestätte, die mit einer Steinmauer umfriedet ist, genießt man einen Weitblick über die Buschsavanne.

Unten: Wasserbock, Löwen- und Ele-Spuren, Rotschnabelfrankolin

Rechts: Pavian-Fußabdruck, Hyänen- und Büffelkot

Empfehlungen für die Tierbeobachtung im Park

Morning Game Drives (Morgenpirschfahrten): Frühmorgens bestehen die besten Chancen, Raubkatzen, die nachts gejagt haben, zu entdecken, weil sie sich oft noch bei ihrem Riss aufhalten. Anhaltspunkte, ob Raubtiere mit einem frischen Riss in der Nähe sind, geben z. B. eintrudelnde Geier, die erst mit einsetzender Thermik fliegen können, oder Hyänen und Schakale. Manchmal verraten auch frische Tierspuren eine versteckt im Gebüsch liegende Großkatze. Antilopen halten sich morgens noch eher versteckt, dafür veranstalten die Vögel ein umso größeres Spektakel. Mangusten und Löffelhunde genießen in den ersten Sonnenstrahlen gerne ein wärmendes Morgenbad, selbst Pythonschlangen suchen nach einer kühlen, feuchten Nacht die Morgenwärme auf offener Straße. Halten Sie auch nach Leoparden Ausschau, die man meist nur für einen Augenblick entdeckt, ehe sie sogleich wieder im dichten Busch verschwinden.

Tagsüber: Während der Mittagszeit ruhen die meisten Tiere. Zebras, Wasserböcke, Impalas und andere kommen zum Trinken ans Wasser, ansonsten halten die Tiere Siesta. Am besten macht man es ihnen gleich und verbringt die Zeit mit Fernglas und Vogelkundebuch auf dem Gelände des Camps oder bei einer Aussichtsstelle.

Afternoon Game Drives: Die besten Lichtverhältnisse und die schönste Stimmung bringen in der Regel die letzten beiden Stunden vor Sonnenuntergang, wenn die Hitze nachlässt und die Schatten lang werden. Kurz vor Sonnenuntergang finden sich Paviane in der Nähe ihrer Schlafplätze ein, kehren Warzenschweine zu ihren Erdbauten zurück und schließen sich viele Antilopen zu schützenden, größeren Herden zusammen. Löwen und Hyänen werden jetzt munter, Elefanten bleiben ungerührt auf Futtersuche. Keine andere Tageszeit drückt das afrikanische Klischee besser aus!

Night Drives: Im Nationalpark sind Nachtpirschfahrten nicht erlaubt. Sie bleiben den Camps außerhalb des Parks und in eigenen Konzessionsgebieten vorbehalten. Ihre Besonderheit liegt darin, Raubkatzen und nachtaktive Tierarten zu entdecken, die man sonst nicht zu sehen bekommt. Meist wird fieberhaft nach Leoparden, Hyänen und Wildkatzen gesucht, dabei sind Springhasen und Stachelschweine ebenso faszinierend. Die Safari Guides leuchten den Busch mit Lichtstrahlern und Fernscheinwerfern aus. Vorsicht: Elefanten und Flusspferde darf man niemals direkt anleuchten.

Generelle Tipps: Man sollte sich Tieren nie abrupt nähern, weil sie sonst schnell die Flucht ergreifen oder sich sogar bedrängt und angegriffen fühlen. Wenn man ihre Fluchtdistanz akzeptiert, kann es vorkommen, dass sich neugierige Tiere, z. B. Elefanten, Giraffen oder Buschböcke, dem Auto oder Menschen nähern. Schade wäre es, wenn Sie mit dem festen Ziel, eine bestimmte Tierart zu suchen, auf Game Drive gehen. Sie versteifen sich dann zu sehr darauf, und viele aufregende Pflanzen und Tiere am Wegesrand bleiben unbemerkt.

Selbstfahrer: Erkundigen Sie sich vor einer Fahrt im jeweiligen Informationsbüro, welche Strecken befahrbar sind und wo man momentan die besten Tierbeobachtungen macht. Sehen Sie sich dazu auch die Eintragungen im Visitors' Book an. Es ist meist effektiver, nicht zuviel umherzufahren, sondern an Wasserstellen, Pfannen oder weiten Grasebenen abzuwarten. Auch wenn zuerst nichts zu sehen ist, kann sich die Situation innerhalb weniger Minuten dramatisch verändern. Interessante Zusammenhänge im Verhalten der Tiere untereinander kann man sowieso nur beobachten, wenn man sich viel Zeit an einem Standort nimmt.

Tierbeobachtung im Camp: Sehr lohnenswert ist mitunter auch das Verweilen in den Camps und an Picknickplätzen, weil man hier vielen zutraulich gewordenen Tierarten weitaus näherkommt, als dies in der freien Wildnis möglich ist. Das gilt besonders für Vögel, Buschhörnchen und Mangusten, aber durchaus auch für Buschböcke, Warzenschweine, Elefanten, Flusspferde und Hyänen. Auf diese Weise ergeben sich oft ausgezeichnete Fotochancen.

Unterkunft im Hwange NP

Main Camp

Main Camp verfügt über insgesamt 118 Betten in den verschiedenen Kategorien Chalet, Cottage und Lodge. Zudem gibt es einen sehr großen Campingplatz. Von den drei Hauptcamps befand sich dieses Camp (bis zur Privatisierung des Robins Camp) stets im besten Zustand. Die Unterkünfte werden gepflegt und das Personal bemüht sich, den Eindruck eines Normalbetriebs aufrechtzuerhalten. Buschhörnchen und Fuchsmangusten springen zwischen den Chalets übers Gras, während die Gärtner Laub rechen und Blumenbeete pflegen. Trotzdem ist auch hier der Niedergang seit den Krisenjahren sichtbar. Und wo einst auf dem weitläufigen Campingplatz Zelte und Fahrzeuge dicht an dicht standen, verlieren sich heute die wenigen Touristen. Immerhin: Die Tankstelle (täglich von 6–18 Uhr), der Lebensmittelladen (hauptsächlich Getränke und Konserven) und das Restaurant mit der schönen Terrasse unter dem riesigen Afrikanischen Schotenbaum (*Peltophorum africanum*) haben wieder geöffnet; auch das kleine Museum soll auch wieder aufgebaut werden (derzeit ist es allerdings eine Rumpelkammer). Das Restaurant bietet Frühstück, Lunch und Abendessen zu sehr moderaten Preisen, die Rezeption bietet Internetzugang auch für die Gäste. Dort lassen sich auch die Übernachtungen an den Picknickplätzen Kennedy 1 Pan, Ngweshla Pan, Jambile Pan und an den Plattformen Guvalala und Makwa reservieren.

Das Main Camp ist rund um die Uhr zugänglich, und man darf das Camp verlassen, um z. B. im Garten der Hwange Safari Lodge vor der beleuchteten Wasserstelle zu dinieren. Die nächtlichen Temperaturen sind im Main Camp etwas kühler als in den anderen Camps.

Zu Fuß durch den Busch

Auf Wunsch werden im Main Camp Walking Safaris in Begleitung eines bewaffneten Wildhüters angeboten. Dabei nähert man sich den Wildtieren nicht so weit wie mit einem Fahrzeug, aber dafür stehen andere Eindrücke im Vordergrund. Der Scout entlockt dem Busch viele seiner Geheimnisse: Er erklärt Tierspuren, zeigt die Plätze, wo ein Tier ein Staubbad genossen hat und kann auch seltene Pflanzen und Vögel bestimmen. Reisenden, bei denen sich Spaß an der Bewegung und die Leidenschaft für die afrikanische Wildnis paaren, kann man eine Walking Safari wärmstens empfehlen. Der Preis beträgt 60 US$ pP für zwei Stunden.

Links: Das Restaurantgebäude und ein „Rhodesian Donkey“, die Vorrichtung zum Heizen von Brauchwasser

Rechts von oben: Lodges im Main Camp, Chamäleon, Campinggelände im Main Camp, Warzenschwein

Sinamatella Camp

Zweifellos die schönste Lage und den besten Ausblick genießt das Sinamatella Camp. Es liegt auf einem knapp 60 m hohen Felsplateau mit atemberaubendem Blick in die weite Ebene zu seinen Füßen. 20 Chalets und Lodges stehen den Besuchern hier zur Verfügung, die sich wie auch der Campingplatz direkt an die Steilkante schmiegen.

In glücklicheren, sorgenfreien Zeiten war es gar nicht so einfach, hier unterzukommen, denn Sinamatella genoss den Rang als beliebtestes Camp im Park. Die Chalets und die vorderste Reihe der Campingstellflächen waren praktisch immer belegt und das Elephant & Dassie Restaurant legendär. Die Gäste liebten es, bequem von den robusten Granittischen auf der Terrasse in der Ebene vorbeiziehende Elefanten und Giraffen zu beobachten, während sich direkt zu ihren Füßen Buschhörnchen, Mangusten und Baumschliefer im Gestrüpp und an der

Vogeltränke tummelten. So mancher Reisende, der hier zum Frühstück kam, sah sich auch noch am Nachmittag dort sitzen und auf den Sonnenuntergang warten. Abends attackierten Honigdachse die Mülltonnen der Restaurantküche so unverfroren, dass sie zur Plage wurden. Doch das ist leider Geschichte. Die Restaurantbesitzerin ist vor Jahren nach Südafrika ausgewandert, der Betrieb wurde eingestellt und der Chefkellner arbeitslos. Der Campingplatz ist im hinteren Teil zugewachsen, die Tankstelle stillgelegt, und der Laden vertreibt, wenn er überhaupt öffnet, hauptsächlich Getränke. Immerhin sind die Sanitäranlagen des Campingplatzes und zwei Chalets renoviert. 2018 wurden die Chalets und das Restaurant privatisiert und von der Makomo Mine gepachtet, die sie allmählich wieder herrichten möchte. Im Parkbüro dämmert eine kleine Ausstellung zum Tierschutz im Park vor sich hin (Bild oben). Hier kann man auch Übernachtungen am Mandavu Dam, Masuma Dam und an der Shumba Pan buchen.

Mashambo Pan: Rund 4,5 km von Sinamatella in Richtung Hwange liegt eine Wasserstelle. Infos dazu gibt es ebenfalls im Parkbüro.

Fotos: Im Sinamatella Camp: Buschhörnchen, Höhlenweihe. Unten: Puffotter.

Noch ein Unheilsbote: Das Chamäleon

Die meisten Afrikaner fürchten sich vor dem Chamäleon und halten es für ein schlechtes Zeichen, wenn sie einen dieser harmlosen Wurmzüngler sehen. Einer Legende nach soll das Chamäleon schuld sein an der Sterblichkeit des Menschen. Gott habe es nämlich einst ausgesandt, um dem Menschen das ewige Leben zu verkünden. Das Chamäleon aber trödelte fürchterlich, ließ sich Zeit beim Sammeln von Insekten und vergaß schließlich ganz den göttlichen Auftrag. Das erzürnte Gott und er sandte postwendend eine Eidechse mit dem Fluch der Sterblichkeit zu den Menschen. Die Eidechse rannte los und übermittelte eilfertig diese Botschaft. Und seither sind die Menschen eben nicht mehr gut auf das träge, selbstvergessene Chamäleon zu sprechen...

Robins Camp

Das kleinste der drei Hauptcamps, das beschauliche Robins Camp, hatte früher stets die wenigsten Besucher und verströmte noch eine koloniale Atmosphäre. Liebevoll wurde es von den hier stationierten Wildhütern gehegt und gepflegt, sodass es mit der netten „Hyena Bar" und den Steintischen zwischen Blumen und Zitronenbäumchen ein besonders freundliches Ambiente hatte. Und so begrüßt auch nicht jeder die Privatisierung des Camps im Jahr 2018. Denn die neuen Betreiber scheuten keine Kosten, das rückständige Camp in ein modernes, ansprechendes Safariresort mit WLAN, großem Pool und Sonnenliegen vor dem halboffenen Restaurant zu verwandeln. Die alte Zufahrt wurde gesperrt, und das Parkbüro musste in einen Neubau umziehen; andere Gebäude wie der berühmte Turm und die Hyena Bar wurden geschickt integriert. 40 Mittelklassechalets mit modernen Bädern und Ventilatoren stehen den Gästen nun zur Verfügung, und der Campingplatz wurde mit Stromanschlüssen und neuen Sanitäranlagen in Containern ausgestattet (heiße Duschen und Toiletten). Das halboffene, ansprechend konstruierte Restaurant bietet teilweise Buffets an, und WLAN gibt es gegen Gebühr im Bereich der Rezeption, des Restaurants und der Hyena Bar.

Versäumen Sie nicht einen Besuch des Turms, dessen Plattform nicht nur eine hübsche Aussicht auf die flache Landschaft gewährt, sondern der außerdem als Museum eingerichtet wurde (wenngleich zahlreiche Exponate aus dem Fundus bereits verschwunden sind). Name und Geschichte dieses Camps gehen nämlich auf Herbert George Robins (1867–1939) zurück, der sich 1914 hier niederließ. Er gründete die Rinderfarm „Litte Tom's Spruit", die ihm bald zu klein wurde. 1915 erweiterte er sein Land um die Farm „Big Tom's Spruit" und schließlich auch um die „Tom's Extension". Auf allen seinen Ländereien verbot er unverzüglich die Jagd und Wilderei. Der Rinderzüchter, der in seinem Leben weit in Afrika herumgekommen war, wandelte sich immer stärker zum Naturfreund und unterstützte den Tierschutz auch gegen den Willen seiner euro-

päischen Nachbarschaft. Er zog das Eremitendasein zwischen den Wildtieren und seinen gefürchteten Hunden dem gesellschaftlichen Leben der Kolonisten vor und galt zu Lebzeiten als reichlich exzentrisch. Im hohen Alter begann er sich um die Zukunft seines persönlichen Schutzgebiets zu sorgen und vermachte seine Ländereien der Regierung mit der Bedingung, darauf für immer ein Wildschutzgebiet auszuweisen. 1949 erklärte man dieses Robins Game Sanctuary mit dem Wankie Game Reserve schließlich zum Nationalpark.

Die Farm von H. G. Robins und der Turm, den er 1934 errichtete, bilden heute noch das Zentrum des Robins Camps. Verlässt man das Camp in Richtung Sinamatella, findet man das Grab des Tierschützers etwa 50 m nach der alten Ausfahrt auf der linken Seite.

Robins Camp

Tel: +27-10-4467692 und +27-73-0302265,
E-Mail: reservations@robinscamp.com,
https://robinscamp.com.

Preise: VP ab 140 US$/DZpP und 200 US$/EZ, Camping 20 US$ pP. Pirschfahrten und Walking Safaris kosten jeweils 65 US$.

Fotos links: Impressionen vom Robins Camp: im Museum und im Parkbüro; Braunkopfliest.
Fotos von oben: Restaurantbereich; Turm, Poolbereich

Picnic Site: Kennedy 1 Pan

Ein weitläufiger und gepflegter Platz unter hohen Kameldornakazien mit solarbeheizter Dusche, Toiletten, Küchenraum, überdachter Sitzgelegenheit und Grillplätzen. Reichlich Schatten ist vorhanden. Das Camp liegt in einem reizvollen und wildreichen Naturraum, besonders zahlreich sind Raubtiere wie Leoparden, Löwen, Wildhunde und Hyänen; es besteht jedoch kein direkter Blick zur Pan. Tagsüber schwärmen hier viele Vögel umher, z. B. laut zwitschernde Goldbugpapageien (Foto links). Kennedy 1 ist zudem typisches Giraffengebiet und es liegt im Zuständigkeitsbereich des Main Camps.

Picnic Site: Ngweshla Pan

Das weitab im Süden gelegene, idyllische Camp bietet direkten Blick zur gleichnamigen Graspfanne und der Wasserstelle. Zwei Grillplätze, zwei Unterstände mit Betontischen und -bänken, Toiletten, solarbeheizter Dusche und ein kleiner Küchenraum verteilen sich in dem umzäunten Campbereich. In der Umgebung gibt es ein Wegenetz für Pirschfahrten, um Elefanten, Oryx, Pferdeantilopen, Schakale, Riesentrappen, Zebras und Büffel zu beobachten. Im Hintergrund der Pfanne stehen dichte Akazienwälder. Zum Ende der Trockenzeit treffen unentwegt große Elefantenherden ein. Nachts bringt einen das Spektakel am nahen Wasserloch schier um den Schlaf. Sollte einmal an der Wasserstelle nichts los sein, kann sich der Fotograf der Vogeltränke im Camp zuwenden, die hier von der Vogelwelt besonders gewürdigt wird (Foto S. 171). Ngweshla Pan Camp liegt im Zuständigkeitsbereich des Main Camps.

Picnic Site: Jambile Pan

Das kleine Camp ist mit kalter Dusche, Toilette und einem Küchenraum mit nostalgischem Ofen ausgestattet, bietet aber keine Aussicht. Das Wildhundrudel Silele lebt in der Region, ansonsten ist es hier weniger wildreich, weil das Wasser von Jambile kaum Mineralstoffe enthält. Kaum Vögel, gelegentlich Elefanten. Zuständig ist das Main Camp.

Picnic Sites: Guvalala & Makwa Plattformen

Auch an diesen beiden Plattformen kann man nächtigen; hier allerdings ohne Attendants und ohne jegliche Umzäunung. Es bestehen nur äußerst rudimentäre Sanitäreinrichtungen; Wasser oder Grillstellen gibt es nicht. Zuständig ist für beide Plattformen das Main Camp; Guvalala wird derzeit wegen Baufälligkeit nicht angeboten. Das Foto rechts zeigt die Makwa Plattform.

Picnic Site: Shumba Pan

Liebevoll renoviert vom Save Hwange Trust bietet das kleine Shumba Camp eine Dusche, einen Küchenraum, zwei betonierte Unterstände zum Sitzen oder für Zelte sowie mehrere Betontische und Feuerstellen. Ein Attendant versorgt die Gäste mit Feuer und heißem Duschwasser. Da hier derzeit mehr als eine Besuchereinheit gleichzeitig nächtigen darf, wird es mitunter eng im Camp. Shumba Camp bietet Schatten unter hohen Ebenholzbäumen und eine herrlich einsame Lage, aber vom Camp besteht kein direkter Blick zur solarbetriebenen Tränke und dem Hide. Denn die befinden sich etwa 400 m vom Camp entfernt und sind berühmt für spektakuläre Elefanten- und Löwenbesuche. Shumba Camp liegt im Zuständigkeitsbereich des Sinamatella Camps.

Picnic Site: Masuma Dam

Dieser Platz ist sehr beliebt, da wildreich und direkt an der Wasserstelle gelegen. Es kann vorkommen, dass hier gleichzeitig drei oder vier Campingeinheiten nächtigen. Es gibt Toiletten, eine neue heiße Dusche und eine Grillstelle mit Wasserhahn. Wer möchte, kann die ganze Nacht an der erhöhten Plattform vor dem Wasserloch sitzen (ideal bei Mondschein). Ein sehr kleiner Nachteil ist tagsüber der Durchgangsverkehr, weil die Straße direkt durch das Camp führt.

Picnic Site: Mandavu Dam

Ein weitläufiges, leider etwas vernachlässigtes Camp mit weitem Ausblick über den großen Stausee. Es bietet eine heiße Dusche, Toiletten, Grillstellen und Unterstände. Die Besonderheit dieses Camps sind viele Klippschliefer. Oft sind einheimische Angler da. Auch für größere Gruppen ist Mandavu Dam gut geeignet; ein Attendant ist anwesend. Für die Camps Masuma Dam und Mandavu Dam ist das Sinamatella Camp zuständig.

Picnic Site: Deteema Dam

Hier gab es früher zwei Plätze; doch der Picknickplatz wurde privatsiert und beherbergt nun ein Luxuscamp. Am anderen Ufer des kleinen Stausees steht der Deteema Hide, und an dieser Aussichtsplattform können Individualreisende weiterhin campieren. Die Aussicht auf den kleinen Stausee ist grandios. Viele Elefanten durchziehen die trockene, steinige Gegend und kommen täglich zum Trinken vorbei; auch Büffel, Kudus, Warzenschweine und Giraffen sind häufig. Hier steht man ohne Attendant und hat nur eine Toilette, doch der Platz wurde gerade erst ein wenig renoviert. Zuständig ist das Büro im Robins Camp.

Die "Presidential Elephants"

Außerhalb des Hwange Nationalparks, im Sikumi Forest Land an der Dete Vlei, sind die „Presidential Elephants“ zuhause. Präsident Mugabe hatte die Herde 1991 unter Schutz gestellt, und seit 1993 steht die auf 500 Tiere angewachsene Gruppe im Mittelpunkt eines Forschungsprojekts über Verhalten und Sozialstruktur der Elefanten. Doch waren es leider nur Lippenbekenntnisse, die der Präsident damals ausgesprochen hatte. Denn seit dem wirtschaftlichen Niedergang Zimbabwes mussten die Tierforscher hilflos mitansehen, wie die grausame Wilderei auch vor den berühmten Presidential Elephants nicht Halt machte.

Safaricamps im Nationalpark

Wilderness Safaris betreibt drei Luxuscamps im südöstlichen Parkgebiet in der privaten, sehr wildreichen Linkwasha Concession. Kontakt: 373 Rivonia Boulevard, Rivonia, Südafrika, Tel. +27-11-2575000, E-Mail: enquiry@wildernessdestinations.com, www.wildernessdestinations.com. Die Camps werden mit All-inclusive angeboten, Kombinationsangebote sind häufig:

Davison's Camp

Das lässige Adventure Camp bietet neun schattige Zeltchalets vor einem eigenen Wasserloch. Preise: AI ab 475 US$/DZpP.

Little Makalolo Camp

Dieses Classic Camp bietet erstklassige Wildbeobachtungen, viel Luxus und einen Pool zum Entspannen. Preise: ab 557 US$/DZpP.

Linkwasha Camp

Nahe den wildreichen Ngamo Plains liegt dieses neuere und sehr luxuriöse Classic Camp. Preise: ab 665 US$/DZpP.

Machaba Safaris eröffnete seit 2018 drei Safaricamps im Park. Kontakt: Tel. +27-82-5795249, E-Mail: book@machabasafaris.com, www.machabasafaris.com. Die Camps:

Deteema Springs Camp

Das Camp auf Stelzenplattformen liegt am ehemaligen Deteema Picnic Site. Sehr wildreich. Preise: ab 400 US$ pP.

Deka Camp

Dieses Camp liegt sehr einsam am Deka River. Preise: ab 575 US$ pP.

Verney's Camp

Jenseits des Amanga Vlei an der gleichnamigen Pan gelegenes Camp. Preise: ab 430 US$ pP.

African Bush Camps führt drei Camps im wildreichen Süden des Parks. Kontakt: Tel. +27-21-7010270, E-Mail: contact@africanbushcamps.com, www.africanbushcamps.com.

Somalisa Camp

Eine traditionsreiche Lodge in bester Lage. Preise: All-Inclusive ab 590 US$ pP.

Somalisa Expeditions Camp

Das etwas rustikalere Camp ist dafür günstiger: Preise: AI ab 455 US$/DZpP.

Somalisa Acacia Camp

Dieses kleine Camp wird als Familiencamp vermarket. Preise: AI ab 590 US$/DZpP.

Imvelo Safaris, ein Unternehmen aus Bulawayo, Zimbabwe, und führt neben einer Lodge im Park auch drei Camps am Parkrand (S. 193). Kontakt: Tel. +263-29-2232331, E-Mail: res1@imvelosafarilodges.com, www.imvelosafarilodges.com. Im Park:

Nehimba Lodge

Luxuslodge auf privatem Konzessionsgebiet inmitten des Parks. Preise: AI ab 610 US$ pP.

Hideaways Africa vermarktet zwei individuelle Camps, eines direkt im Park und eines am Rande (S. 193). Kontakt: Tel. +27-21-6717729, E-Mail: info@hideawaysafrica.com, www.hideawaysafrica.com.

Nantwich Camp

Traditionsreiches staatliches Camp in einsamer Lage, jetzt privatisiert und nett renoviert. Preise: AI ab 370 US$ pP.

Kapula Private Camp

Tel. +27-66-4728927, E-Mail: stay@kapulacamp.com, www.kapulacamp.com.

Selbstversorgercamp mit je vier Zeltchalets im North Camp und South Camp, die sich nahe der Masuma Pan an ein eigenes Wasserloch schmiegen. Sehr beliebt. Preise: Übernachtung ab 76 US$ pP.

Camp Hwange

Tel. +263-83-2846924, E-Mail: WildExZim@ wild-expeditions.africa, www.camp-hwange.com.

Exklusive Zeltlodge auf Höhe der Shumba Picnic Site im klassischen Safaristil. Preise: All-inclusive ab 480 US$ pP.

Darüber hinaus gibt es einige nur saisonal öffnende Zeltcamps im Park.

Safarilcamps am Rande des Parks

Camps von Imvelo Safaris (siehe S. 192):

Camelthorn Lodge
Das Flaggschiff im Portfolio der Betreiber ist ein Luxuscamp. Preise: AI ab 665 US$ pP.

Bomani Tented Lodge
Komfortables Zeltcamp im wildreichen Ngamo Forest. Preise: All-inclusive ab 525 US$ pP.

Jozibanini Camp
Kleines Zeltcamp für Naturfreunde (nur drei zelte). Preise: All-inclusive ab 440 US$ pP.

Camp von Hideaways Africa (siehe S. 192):

Elephants' Eye
Acht Chalets mit Pool, Spa und Wasserloch nahe Dete gelegen. Gute Mittelklasse, viele Reisegruppen. Preise: AI ab 300 US$ pP.

Amalinda Collection in Bulawayo, Tel. +263-29-2243954, E-Mail: resman@amalindacollection.co.zw, www.amalindacollection.com, führt drei Camps beim Sikumi Vlei nahe dem Haupt-Parkzugang / Main Camp.

Ivory Lodge & Tuskers Campsite

Ältere, gemütliche Lodge mit Baumhäusern und eigenem Wasserloch. Preise: AI ab 390 US$. Nahebei liegt der nicht umzäunte Tuskers Campsite für 20 US$ pP.

Khulu Bush Camp
Sechs Luxuszeltchalets am eigenen Wasserloch. Preise: AI ab 490 US$.

Sable Valley
Dieses Camp steht bei Redaktionsschluss kurz vor der Eröffnung.

The Hide
Tel. +263-242-498835, E-Mail: bookings@thehide.com, www.thehide.com.
Legendäres, traditionsreiches Camp nahe Kennedy 1 mit zehn Zeltchalets und viel Athmosphäre. Preise: AI ab 410 US$ pP.

Miombo Safari Camp & Campsite
Tel. +263-779-930636, E-Mail: res@miombosafari.com, https://miombosafari.com.
Ältere Anlage nahe Dete mit eigenen Wasserloch, Holzchalets, Pool und Camping. Preise: AI ab 410 US$, Camping 15 US$.

Hwange Safari Lodge
Tel. +263-772-128131, E-Mail: hacro@africansunhotels.com, www.africansunhotels.com.
Einzige größere Hotelanlage am Park mit abends beleuchteter Wasserstelle unter staatlicher Leitung. Preise: Ü ab 95 US$ pP.

Ganda Lodge
71 A Fife St, Bulawayo, Tel. +236-292-276009, E-Mail: booking@ngamosafaris.co.zw.
Ältere Anlage der Forestry Commission mit Holzchalets an der Ganda Pan, wird jedoch kaum vermarktet. Preise: ÜF ab 80 US$ pP.

Camp Silvane
Tel. +263-78-2943715, E-Mail: enquiries@campsilwane.com, www.campsilwane.com.
Neues Mittelklassecamp in eigenem Konzessionsgebiet am Parkrand nahe Kennedy 1 Gate mit Zelten und Camping. Sehr wildreich, nicht umzäunt. Preise: VP 150 US$ pP, nur Übernachtung 80 US$ pP, Camping 50 US$ pro Nacht für 1–2 Personen.

Gwango Heritage Resort
Tel. +263-78-3557773, E-Mail: reservations@gwango.com, http://gwangoheritageresort.com.
Nahe dem Main Gate liegt ein sympathisches Camp der ansässige Nambya-Community und eines privaten Betreibers, das ein Grillrestaurant, Pool, Bar, kulturelle Ausstellung, Zimmer, Chalets und Camping anbietet. Pirschfahrten sind auch im Angebot. Nette Atmosphäre, günstige Mittelklasse.
Preise: Ü im Bush Chalet ab 43 US$ pP, Ü im Vierbettzimmer ab 30 US$, Camping 10 US$ pP.

Ein Tagesablauf in der Safarilodge

Wecken der Gäste im Morgengrauen. Wenig später heißt es „Tea or Coffee", dann folgt der Aufbruch zur Morgenpirschfahrt oder einer Walking Safari (Wanderung durch den Busch). Unterwegs gibt es ein kleines Picknick. Nach der Rückkehr im Camp wird ein üppiger, stärkender Brunch serviert. Gäste, Guides und Lodgemanager sitzen beieinander, man spricht sich mit Vornamen an und unterhält sich über die Erlebnisse der Pirschfahrt. Danach beobachtet man Vögel, ruht oder liest einschlägige Literatur; Tier- und Pflanzenbücher liegen aus. Bis 15.30 Uhr ist Freizeit angesagt, in der man z. B. am Pool die Sonne genießt. Dann trifft man sich erfrischt zum Afternoon Tea mit etwas Gebäck und startet kurz danach zum Afternoon Drive. Unterwegs wird bei Sonnenuntergang eine Pause eingelegt und der Guide bietet aus der Kühlbox einen Sundowner an (Bier, Wein, Soft Drinks). Auf der Rückfahrt strahlt der Guide mit einem Scheinwerfer, um nachtaktive Tiere aufzustöbern. Zurück im Camp rufen die Trommeln zum Abendessen. Anschließend lässt man den Tag mit einm Drink am Lagerfeuer oder an der beleuchteten Wasserstelle ausklingen.

Management und Guides bemühen sich um einen persönlichen Kontakt zu den Gästen und legen Wert auf niveauvolle Betreuung. Man versucht jedem Gast einen bestimmten Guide zuzuweisen, mit dem er alle Ausflüge unternimmt. Die Übernachtungspreise einer Lodge richten sich eher nach ihrer außergewöhnlichen Lage, der maximalen Bettenanzahl und ihrem Image als nach der Ausstattung.

Anstelle von Klimaanlagen bieten die meisten Lodges nur Ventilatoren, was aber durchaus reicht, weil es im Hwange NP kaum heiße, schwüle Nächte gibt. Im Gegenteil: Zwischen Juni und August wird es nachts empfindlich kalt. Erfahrene Gäste scheuen sich nicht, neben warmer Kleidung auch eine Mütze und Handschuhe einzupacken. Während der Pirschfahrten im offenen Fahrzeug sind diese Dinge ein Segen, vielleicht sogar nachts zum Schlafen, denn die Zeltchalets sind luftig. Und selbst bei 20° C Außentemperatur wird es beim Morning Drive auf offenen Fahrzeugen durch den Fahrtwind unangenehm kalt. Zum Schutz liegen Wolldecken bereit, und viele Lodges versorgen ihre Gäste in dieser Zeit sogar mit Wärmflaschen oder elektrischen Heizdecken. Während dieser kalten Monate werden häufig keine Game Drives vor dem Frühstück unternommen, sondern als Vormittagsfahrten nachgeholt.

Painted Dog Conservation

Wem ist schon bewusst, dass der Afrikanische Wildhund, auch Wild Dog, Hunting Dog, Painted Dog und Hyänenhund genannt, heute an zweiter Stelle der meist bedrohten Tierarten Afrikas steht (nach dem Abessinischen Wolf)? Der Afrikanische Wildhund leidet fälschlich unter einem schlechten Image und findet zu wenig Beachtung. In den letzten Jahren hat sich sein Bestand erneut halbiert. Kaum 3000 Tiere sollen heute noch von dieser Spezies existieren; viel zu wenige für eine gesunde Population. Und selbst diese Tiere sind bedroht, weil sie einen enorm großen Revierbedarf haben. Sie geraten bei ihren Streifzügen regelmäßig in Farmgebiete, wo sie sofort getötet werden. Ihre häufigste Todesursache ist denn auch die Begegnung mit Menschen (60 %).

Der Wildbiologe Gregory Rasmussen ist für die Afrikanischen Wildhunde Zimbabwes das, was Professor Grzimek einst für die Serengeti war. Er verschrieb sich schon vor Jahrzehnten der Forschung und dem Schutz dieser faszinierenden Rudeltiere am Rande des Hwange Nationalparks, wo es heute von einst 300 nur noch rund 120 Tiere gibt. Der engagierte Forscher stattete seine Hunde zum Schutz vor nächtlichen Verkehrsunfällen mit Peilsendern und Reflektoren aus und ließ in Parknähe Wild-Dog-Verkehrsschilder aufstellen.

Gegenüber dem Hwange Airport eröffnete das Team um Greg Rasmussen und seinen Mitstreiter Peter Blinston ein besuchenswertes **Visitor Centre** mit einer weitläufigen **Auffangstation** für die bedrohten Tiere, wo die Lebensgeschichte des Hundes „Eyespot“ erzählt wird und Besucher die Tiere im Rehab Centre besuchen dürfen (täglich von 8–18 Uhr). Es wird kein Eintritt verlangt, aber eine Spende erwartet.

Weitere Infos: www.painteddog.org und www.hupeverlag-shop.de/i/foerderprojekte

Verhaltenstipps für die Wildnis

- Auf einer Safari immer möglichst dezente **Kleidung** in Naturfarben tragen.
- Bei **Pirschfahrten** und im Camp verhält man sich leise. Lassen Sie sich nicht täuschen: wenn Sie keine Tiere sehen, heißt das nicht, dass Sie nicht selbst genau beobachtet werden! Auf den Campingplätzen sollte man auf Nachbarn Rücksicht nehmen und jeden unnötigen Lärm vermeiden.
- **Vogelfreunde** kommen oft direkt in den Camps auf ihre Kosten. Viele Vögel haben sich an die Anwesenheit der Menschen gewöhnt und kommen nahe heran. Das gleiche passiert auch bei Buschhörnchen, Mangusten oder Warzenschweinen.
- Ganz wichtig: **Niemals** im offenen Zelt oder unter freiem Himmel schlafen! Wildtiere attackieren keine geschlossenen Zelte. Dagegen führt leichtsinniges Verhalten wie das Schlafen im unverschlossenen Zelt leider immer wieder zu Todesfällen, weil Raubtiere Schlafende mitunter aus dem offenen Zelt zerren.
- Lassen Sie keine **Nahrungsmittel** im Freien liegen und deponieren Sie diese auch nicht im Zelt, sondern ausschließlich im Fahrzeug. Nachts können die Gerüche Hyänen und Elefanten anlocken, tagsüber richten Meerkatzen und Paviane ein Chaos an, um an die begehrten Nahrungsmittel zu gelangen. Hyänen zerbeißen übrigens auch Kühlboxen, Tische und Schuhe.
- **Versorgung**: In den Parks sind selten Lebensmittel und Treibstoff erhältlich. Auch Pannendienste, Wechselstuben und öffentliche Verkehrsmittel sucht man vergebens. Man ist folglich auf sich allein gestellt und muss auf entsprechende Ausrüstung und großzügige Reserven, vor allem bei Sprit und Wasser, achten.
- Dass man seinen **Abfall** überall dort, wo keine Abfallbehälter zur Verfügung stehen, wieder mitnimmt, sollte selbstverständlich sein.
- **Wildtier-Gefahren**: Alle Tiere haben eine Fluchtdistanz, die man nicht unterschreiten darf. Reizen oder provozieren Sie sie nicht! Kommt es trotzdem einmal zu unliebsamen Begegnungen, ziehen Sie sich langsam und ruhig zurück, auf keinen Fall rennend. Einzelne Büffel können sehr aggressiv und gefährlich sein, wenn sie aufgeschreckt werden. Bei Elefantenkühen mit Kälbern ist immer respektvolle Distanz zu halten.
- **Joggen** Sie niemals im Busch und entfernen Sie sich nicht allein vom Camp oder Auto. Achten Sie ganz besonders auf kleine Kinder, deren Rennen oder Schreien Raubtiere schnell reizen kann.
- **Hilfsbereitschaft** im Busch ist eine sehr wichtige und manchmal lebensrettende Grundregel. Es sollte selbstverständlich sein, sich in der Wildnis gegenseitig bei Pannen oder Krankheitsfällen zu helfen.
- **Schlangen** wird man wenige sehen. Festes Auftreten lässt die Erde vibrieren, sodass sich fast alle Schlangen rechtzeitig zurückziehen (mit Ausnahme der Puffotter, die sehr träge ist). Besten Schutz gegen Bisse und Stiche von Schlangen, Skorpionen, Spinnen oder Zecken bieten feste, knöchelhohe Schuhe. Im Busch sollte man niemals barfuß laufen!

Das Geheimnis uralter Elefantenpfade

Ende der 1970er Jahre spielte sich im Karibasee zwischen Spurwing Island und dem Ort Kariba eine unglaubliche Geschichte ab. Eines Tages wurden drei junge Elefantenbullen beobachtet, die in direkter Linie von Spurwing Island nach Kariba schwammen. Die zurückzulegende Entfernung von mehr als 25 km schien nach menschlichem Ermessen unmöglich für Elefanten zu bewältigen. Die in Kariba stationierten Mitarbeiter des Nationalparks machten sich ungläubig per Boot auf den Weg zu den schwimmenden Elefanten. Die Tiere hatten in der Zwischenzeit rund ein Drittel des Weges zurückgelegt. Zuerst wollten die Männer die Tiere erschießen, um ihnen den qualvollen Tod durch Ertrinken zu ersparen, doch dann versuchte man, sie mit Schüssen zur Rückkehr ans Ufer zu bewegen. Dies gelang schließlich und die Parkwächter kehrten nach Kariba zurück. Doch am nächsten Tag wurden die Elefanten wieder entdeckt, diesmal nur zwei von ihnen, und sie hatten bereits zwei Drittel der Strecke zurückgelegt, als die Parkwächter sie erreichten. Die Männer hatten Seile mitgebracht, mit denen sie die Tiere abstützen wollten, doch schwammen die beiden ohne Anzeichen von Schwäche oder Ermüdung nach Kariba. Von Zeit zu Zeit erholte sich einer der beiden, indem er seine Vorderbeine auf dem Rücken des Kameraden auflegte. Auf diese Weise erreichten sie zügig und von den staunenden Parkangestellten eskortiert das Ufer bei Kariba, wo sie rasch entlang eines uralten Elefantenpfades in die Berge verschwanden. Nie zuvor haben Menschen Elefanten so weit schwimmen sehen. Mit der Natur vertraute Einheimische erinnerten sich, dass vor der Stauung des Karibasees ein alter Elefantenweg genau dort entlang führte, wo rund 20 Jahre später die Elefanten schwammen. Wie war es möglich, dass die Tiere davon Kenntnis hatten und sogar solch eine gewaltige Anstrengung auf sich nahmen, um diesem ehemaligen Pfad zu folgen?

Reisevorbereitung

Gesundheitsvorsorge: Malaria

Die Region Victoria Falls ist ein Malariagebiet. Ganzjährig ist daher eine Prophylaxe ratsam. Wir empfehlen eine tropenärztliche Beratung bei einem Tropenmediziner oder direkt in einem Tropeninstitut.

Gepäck

Leichte, sportliche Baumwollbekleidung ist angebracht. Auf Safaris trägt man das klassische „Safari-Outfit" in Khaki- und Naturfarben und knöchelhohe, bequeme Lauf- oder Wanderschuhe. Tragen Sie im Busch dezente Naturfarben und keine rein weiße Kleidung oder knallige Farben (leuchtend rot und orange). „Camouflage" ist in Zimbabwe nicht erlaubt.

In Victoria Falls sind bequeme Freizeitkleidung und Sandalen üblich. Man sollte neben der leichten Sommerkleidung auch einen dicken, wärmenden Pulli oder eine warme Jacke einpacken (vor allem zwischen Juni und August). Regenschutz (zwischen November und April), Sonnenhut und Badebekleidung dürfen auch nicht fehlen. In den First-Class-Hotels wird nach Sonnenuntergang der sog. Formal Dress erwartet, d. h. lange Hose und ein Hemd für die Herren (keine Shorts, kein T-Shirt, keine Sandalen).

Empfehlungen für die Reiseapotheke

(Vorschläge zum Inhalt einer Notfallapotheke gemäß dem Bayrischen Gesundheitsamt)

Beschwerden	Substanz (Medikament)
Fieber, Entzündung, Schmerzen	Paracetamol, Acetylsalicylsäure (Aspirin)
Insektenstiche	diverse Repellentien, Chlorphenoxamin-Creme
Kreislaufanregung	Etilefrin, Norfenefrin
Durchfall	Elektrolyt-Glukose-Präparate, Hefe-Präparate, Loperamid (Imodium)
Erbrechen & Übelkeit	Metoclopramid (Paspertin)
Bauchkrämpfe	Butylscopolamid
Augenentzündung	Tetrazyklin-Augentropfen
Harnwegsinfektionen	Antibiotika, Nieren-Blasen-Tee
Ohrenentzündung	Acetylsalicylsäure (Aspirin), Phenazon

Außerdem: Kleine Schere, Sicherheitsnadeln, Rasierklinge, Fieberthermometer, Pinzette, Pflaster, Verbandszeug, Desinfektionsmittel, ggf. Allergie- und Magentabletten, ein Magnesiumpräparat, evtl. Einwegspritzen und generell alle Medikamente, die Sie regelmäßig einnehmen.

Kontaktlinsenträger sollten wegen des Staubs zur Sicherheit auch eine Brille einpacken. Für die Kameraausrüstung empfiehlt sich ein guter Wasser- und Staubschutz. Tagsüber sind ein Tagesrucksack und eine Trinkflasche nützlich; ferner eine Sonnenbrille, Sonnen- und Mückenschutzcreme und eine Reiseapotheke mit Notfallmedikamenten. Für Vogel- und andere Naturbeobachtungen benötigt man ein lichtstarkes Fernglas und gute Bestimmungsbücher für die Säugetiere, Vögel und Pflanzen Afrikas. Eine Taschenlampe ergänzt die Packliste.

Weitere Empfehlungen für das Reisegepäck

Trinkgeld-Empfehlungen

Jeweils pro Person und Tag:
Safari Guide in der Lodge: 10 US$
Tip-Box im Camp/Lodge: 5 US$
Fahrer bei Transfers: 2 US$
Fahrer bei Tagestouren: 5–10 US$
Kofferträger: 1 US$ / Zimmerservice: 1–2 US$
Im Restaurant: In der touristischen Gastronomie sind 5–10 % des Betrags für die Speisen angebracht.

Länderspezifische Informationen: Zimbabwe

Einreisebestimmungen

In Zimbabwe besteht Visapflicht für Deutsche, Österreicher und Schweizer. Ein Touristenvisum mit einmaliger Einreise kostet 30 US-Dollar und wird sowohl vorab bei der entsprechenden Landesvertretung als auch direkt bei der Einreise ausgestellt. Ein Double-Entry-Visum kostet 45 US-Dollar und ist vor allem dann ratsam, wenn der Reisende einen Ausflug nach Sambia oder Botswana plant. Ein sechs Monate gültiges Visum mit mehreren Einreisen (Multiple Entry) kostet 55 US-Dollar, wird aber nicht an den Landesgrenzen ausgestellt. Bei Einreise aus einem Gelbfieber-Infektionsgebiet (z. B. Ost- und Zentralafrika) wird ein Gelbfieber-Impfnachweis verlangt.

Zudem gibt es ein Kombi-Visum für Zambia und Zimbabwe. Das "**Kaza-Uni-Visum**" kostet 50 US$ und ist 30 Tage lang für beliebig viele Grenzübertritte innerhalb der beiden Länder gültig (für die Grenzübergänge in Victoria Falls/Livingstone, Chirundu und Kariba/Siavonga). Darüberhinaus sind Tagesbesuche in Botswana erlaubt. Sobald man in Botswana übernachtet, verliert das Visum allerdings seine Gültigkeit. Erhältlich ist das Visum theoretisch an folgenden Grenzen: In Zambia an den Flughäfen Lusaka und Livingstone, in Zimbabwe an den Flughäfen Harare und Victoria Falls, außerdem an den Grenzposten Livingstone/Victoria Falls und Kazungula.

Info Bei der Einreise werden max. 30 Tage Aufenthalt eingestempelt, die man später kostenlos bei einem Immigrationsbüro im Land auf bis zu 90 Tage verlängern kann.

Wer mit einem Fahrzeug einreist, benötigt entweder das Zolldokument Carnet de Passages oder ein **TIP** (Temporary Import Permit), welches bei der Einreise ausgestellt wird. Eine **Kfz-Haftpflichtversicherung** ist vorgeschrieben (ca. 30 US$).

Ein Internationaler Führerschein ist Pflicht für den Fahrer.

Info Diese Gebühren sind auch in Pula, Euro, Brit. Pfund oder ZA-Rand in bar bezahlbar. Theoretisch kann man an der Grenze auch mit Kreditkarte bezahlen, allerdings ist dieser Service unzuverlässig.

Darüberhinaus fallen **Straßengebühren** (Road Access Fee) und eine **Abgassteuer** (Carbon Tax) an. Die RAF beträgt je 10 US$ für Caravans und Trailer, 20 US$ für Motorräder, 30 US$ für Privatfahrzeuge und ab 50 US$ für Commercial Cars, wozu hier auch alle Mietwagen gerechnet werden. Die Carbon Tax ist abhängig vom Hubraum des Wagens: bis 1000 ccm 6 US$; bis 2000 ccm 11 US$; bis 3000 ccm 15 US$; über 3000 ccm 30 US$. Reisende mit einem großen Wohnmobil sollten unbedingt auf eine Einstufung als „Private Vehicle/Caravan" bestehen, sonst wird es erheblich teurer.

Oben: Wildhüter im Hwange NP; Hinweis an der Zufahrt zur Ivory Lodge

Unten: Touristen auf der zambischen Seite der Viktoriafälle;

Eine Besonderheit beim Überqueren der Grenzen mit dem Auto ist der **Gate Pass**; ein kleiner Zettel, der beim Immigration Officer mit dem Autokennzeichen und der Anzahl der Fahrzeuginsassen beschrieben und anschließend von ihm und dem Zöllner abgestempelt wird. Der Beamte an der Grenzschranke sammelt diesen Zettel schließlich wieder ein, nachdem er durch die Stempel erkennen konnte, dass der Fahrer seinen Pflichten bei Immigration und Zoll nachgekommen ist.

Sicherheit

Vorsicht: Das Fotografieren von Grenzen, Militäranlagen und -fahrzeugen, Soldaten, Polizisten, VIPs und in irgendeiner Form sicherheitsrelevanten öffentlichen Gebäuden ist verboten. Auch das allgemeine Sammeln von Informationen und entsprechende Gespräche mit der Bevölkerung können als illegale journalistische Tätigkeit ausgelegt werden. Touristen sollten sich strikt von politisch motivierten Menschenansammlungen und Demonstrationen fernhalten.

Notfall-Telefonnummern:
Notruf: 999, Polizei: 995, Ambulanz: 994

Sicherheitshinweise des Auswärtigen Amts:
www.auswaertiges-amt.de

Zahlungsmittel

Die offizielle Landeswährung ist seit 2019 der Zimbabwe Dollar (ZWD). Dennoch müssen Touristen fast alles in US-Dollar bezahlen. Man sollte daher mit einer ausreichenden Menge US-Dollar in bar unterwegs sein (die Devisenein- und ausfuhr ist uneingeschränkt möglich).

Kreditkarten werden in den meisten Hotels, teilweise bei Nationalparkzugängen, in den Supermärkten und Tankstellen akzeptiert, vor allem VISA und Mastercard, selten American Express. Doch ist es nicht sichergestellt, dass die Kreditkartenzahlung überhaupt funktioniert, daher bleibt Bargeld weiterhin unerlässlich (vor allem auch kleinere Noten!). Im ganzen Land herrscht Bargeldknappheit, somit ist auch der Erfolg beim Abheben von Bargeld an Geldautomaten keinesfalls gesichert. Um das Durcheinander noch größer zu machen: Elektronische Zahlungen werden mit sog. RTGS-Dollar („Real Time Gross Settlement") abgewickelt, deren Kurs von der Regierung festgelegt wird. Leider ändern sich in Zimbabwe die Modalitäten des Zahlungsverkehrs relativ schnell und unangekündigt. Siehe auch S. 107.

Oben: Supermärkte veröffentlichen täglich die aktuellen Wechselkurse

Diplomatische Vertretungen und hilfreiche Adressen

Adressen in Europa:

Auswärtiges Amt
Bürgerservice, 11013 Berlin
Tel: 030-18172000
www.auswaertiges-amt.de

Botschaft der Republik Zimbabwe
Dannenwalder Weg 91
13439 Berlin, Tel. 030-2062263
www.zimembassyberlin.com

Botschaft der Republik Zimbabwe
Chemin William Barbey 27,
1292 Chambesy, Genf, Schweiz
Tel. +41-22-7589855
E-Mail: zimbabwemission@bluewin.ch
Amtsbereich: Schweiz und Österreich

Zimbabwe Tourist Office
Hochstraße 17, 60313 Frankfurt am Main
Tel. 069-9207730
E-Mail: info@zimbabwe-tourism.de
www.zimbabwetourism.net

Adressen in Zimbabwe:

Botschaft der Bundesrepublik Deutschland
30 Ceres Road, Avondale, Harare
Tel. +263-24-2308656
E-Mail: info@harare.diplo.de
www.harare.diplo.de

Botschaft der Republik Österreich
11 Dunkirk Drive, Alexandra Park, Harare,
Tel: +263-24-2745387, E-Mail:
mid@yoafrica.com, www.bmeia.gv.at

Embassy of Switzerland
9 Lanark Road, Belgravia, Harare
Tel. +263-24-2703997
E-Mail: harare@eda.admin.ch
www.eda.admin.ch/harare

Zimbabwe Tourism Authority (ZTA)
55 Samora Machel Avenue, Harare
Tel. +263-242-758714
E-Mail: info@ztazim.co.zw
www.zimbabwetourism.net

Länderspezifische Informationen: Zambia

Einreisebestimmungen

Info Bei der Einreise werden max. 30 Tage Aufenthalt eingestempelt, die man später kostenlos bei einem Immigrationsbüro im Land auf bis zu 90 Tage verlängern kann. Alternativ gibt es auch das Kaza-Uni-Visum wie in Zimbabwe (siehe S. 199).

Deutsche und Österreicher benötigen für touristische Reisen nach Zambia seit 2023 kein Visum mehr bzw. dieses wird bei der Einreise kostenfrei ausgestellt. Für andere Nationen wie die Schweiz gilt: Die Gebühren betragen für Single Entry Visa 50 US$, für Double Entry Visa 80 US$. Der Reisepass muss stets noch mindestens sechs Monate Gültigkeit über den geplanten Aufenthalt hinaus haben. Bei der Einreise aus einem Gelbfieber-Infektionsgebiet (Zentral- und Ostafrika) ist ein Gelbfieber-Impfnachweis vorgeschrieben. Kaza-Uni-Visa: siehe S. 199.

Ein Internationaler Führerschein ist grundsätzlich Pflicht für den Fahrer.

Einreise mit einem Fahrzeug: Der Fahrer benötigt zusätzlich zum nationalen einen Internationalen Führerschein und den Internationalen Zulassungsschein. Als Zolldokument wird bei ausländischen Fahrzeugen das Carnet de Passages anerkannt oder ein **TIP** (Temporary Import Permit) ausgestellt. Ferner ist für alle Fahrzeuge eine **Haftpflichtversicherung** (Third Party Insurance) für ca. 30 US$/Monat abzuschließen. Weitere anfallende Gebühren sind eine **Straßengebühr** (Road Toll) für 20 US$ pro Fahrzeug und eine **Abgassteuer** (Carbon Tax), deren Höhe sich nach dem Motorhubraum des Fahrzeugs bemisst (bis 2000 ccm 100 000 Kwacha, 2000–3000 ccm 150 KR, über 3000 ccm 200 KR, Motorräder 50 KR). Gültig ist sie für 90 Tage.

Foto oben: Touristen genießen den schönen Sonnenuntergang am Sambesi von der Bar des Waterfront Resorts

Mietwagenfahrer sollten vorab mit dem Vermieter abklären, ob die Einreise nach Zambia gestattet und versicherungstechnisch abgedeckt ist. Der Vermieter verpflichtet sich, die

Zollpapiere, eine Einverständniserklärung („Letter of Authorization"), die Internationale Zulassung und ggf. auch die Versicherungsunterlagen dem Fahrer auszuhändigen.

Zahlungsmittel und Geldwechsel

Die nationale Währung heißt Zambia-Kwacha (ZMW). mit Banknoten mit den Werten 2, 5, 10, 20, 50 und 100 Kwacha Rebased (KR) ausgegeben sowie neue Münzen zu 5, 10 und 50 Ngwee und 1 Kwacha.

Die Einfuhr der Landeswährung ist verboten; die Einfuhr von Fremdwährung ist unbeschränkt möglich. Euro werden außerhalb der Metropolen jedoch kaum akzeptiert, im ganzen Land ist dagegen der US-Dollar verbreitet. Kleinere Scheine werden meistens zu einem schlechteren Kurs gewechselt, und Dollarnoten aus Serien vor 1996 zumeist abgelehnt.

Kreditkarten (VISA, Mastercard) kann man in den meisten Lodges, Restaurants und Reiseagenturen einsetzen, seltener jedoch bei Tankstellen, Nationalparkzugängen oder kleinen Läden. An den Geldautomaten der Banken ist eine Bargeldabhebung mittels Kreditkarte möglich, doch oft beschränkt sich der Maximalbetrag pro Transaktion auf kleinere Summen.

Info Vorsicht: Viele Hotels verlangen bei Kreditkartenzahlung bis zu 5 % Zuschlag.

Diplomatische Vertretungen und hilfreiche Adressen

Botschaft der Republik Zambia
Axel Springer Str. 54a, 10117 Berlin
Tel. 030-2062940
E-Mail: info@zambiaembassy.de
www.zambiaembassy.de

Konsulat der Schweiz
697 Kalambo Road, North End, Lusaka
Tel. +260-211-224580
E-Mail: lusaka@honrep.ch
www.eda.admin.ch

Botschaft der Bundesrepublik Deutschland
5219 Haile Selassie Avenue,
Longacres, Lusaka, Zambia
Tel. +260-211-250644
E-Mail: info@lusaka.diplo.de
www.lusaka.diplo.de

Honorarkonsulat der Republik Österreich
Plot 2432, Chibombo, Lusaka
Tel. +260-96-6761665
E-Mail: austriazambia@gmail.com

Länderspezifische Informationen: Botswana

Info Strenge Richtlinien für die Einreise von Minderjährigen: Grundsätzlich ist stets die Geburtsurkunde mitzuführen. Bei der Einreise mit anderen Erwachsenen als den Eltern oder nur einem Elternteil ist zudem eine beglaubigte Vollmacht der Eltern bzw. des nicht mitreisenden Elternteils vorzulegen.

Einreisebestimmungen

Deutsche, Österreicher und Schweizer benötigen für einen Aufenthalt bis zu 90 Tagen kein Visum, sondern nur einen Reisepass mit mindestens sechs Monate Gültigkeit ab dem Einreisedatum. Gelegentlich wird bei der Einreise nach ausreichenden Geldmitteln gefragt bzw. ein Rückflugticket verlangt. Bei der Einreise aus einem Gelbfieber-Infektionsgebiet (Zentral- und Ostafrika) wird in Botswana ein Gelbfieber-Impfnachweis verlangt.

Für die Einreise mit einem Fahrzeug verlangen die Behörden folgende Dokumente: Wer mit einem Mietwagen aus einem der Nachbarstaaten nach Botswana einreisen möchte, benötigt eine schriftliche Genehmigung der Verleihfirma (Letter of Authorization). Handelt es sich um einen Grenzübergang zwischen der Südafrikanischen Zollunion (zu der Botswana gehört) und einem Drittland wie Zimbabwe, so ist für die vorübergehende zollfreie Einfuhr des Wagens das Importdokument **TIP** (Temporary Import Permit) an der Grenze auszustellen, das bei der späteren Ausreise aus Botswana vom Zoll wieder eingesammelt wird. Fahrzeughalter von Privatfahrzeugen reisen am unkompliziertesten mit dem Importdokument Carnet de Passages des Automobilclubs ADAC. Außerdem ist der Internationale Zulassungsschein mitzuführen.

Info Die Grenze in Kazungula zwischen Botswana und Zimbabwe öffnet täglich von 6–20 Uhr. Mietwagenfahrer müssen hier oft zusätzlich eine Rückführungsversicherung abschließen (50–80 US$).

Die Grenze nach Zambia, wo der Ort ebenfalls Kazungula heißt, ist eine „One Stop Border Post" und öffnet von 6–22 Uhr, seit eine Brücke die Fähre über den Sambesi ersetzt. Brückengebühr ab 15 US$. Die Grenzabwicklung beider Länder erfolgt stets gemeinsam am Ufer des Landes, in das man einreist.

Bei der Einreise nach Botswana ist für jedes Fahrzeug eine **Kfz-Haftpflichtversicherung** (Third Party Insurance, Motor Vehicle Insurance) abzuschließen, deren Gebühr bei einer Mindestdauer von drei Monaten 50 Pula beträgt. Zugleich fallen die obligatorischen Straßenbenützungsgebühren „**Road Permit**" (ab 165 Pula für Fahrzeuge aus Comesa-Staaten und ab 190 Pula für europäische Fahrzeuge) und der „**Road Fund**" für 50 Pula an. Während das Road Permit bei jeder Einreise nach Botswana bezahlt werden muss, besitzt der Road Fund eine Gültigkeit von einem Jahr. Halten Sie für diese Beträge Pula in bar bereit. Eine Kreditkartenzahlung ist möglich, sofern nicht gerade Stromausfall ist. Außerdem ist ein Internationaler Führerschein Pflicht für den Fahrer.

An der Grenze in Kazungula werden einreisende Fahrzeughalter aufgefordert, durch Wannen mit Desinfektionsbrühe zu fahren und nach etwaigen illegalen Fleischimporten befragt (die Einfuhr aller tierischer Frischprodukte ist verboten, mitunter auch die Einfuhr von Früchten und Milchprodukten, um die Verbreitung gefürchteter Tierseuchen wie MKS zu verhindern. Daher gelten hier strenge, aber auch wechselnde Regeln bzgl. der Einfuhr von Lebensmitteln und größerer Mengen Treibstoffs. Mitunter finden an der Grenze sogar Kühlschrankkontrollen statt.

Zahlungsmittel und Geldwechsel

Botswanas Währungseinheit ist der Pula. 1 Pula (P) entspricht 100 Thebe (t). Es gibt Münzen zu 1, 2, 5, 10, 25 und 50 Thebe sowie zu 1, 2 und 5 Pula; Noten gibt es zu 1, 2, 5, 10, 20, 50, 100 und 200 Pula. Die Ein- und Ausfuhr von Pula ist nur bis 500 Pula erlaubt, die Ein- und Ausfuhr von Fremdwährung ist dagegen unbeschränkt erlaubt.

Es ist nur beschränkt möglich, im Land mit US-Dollar, Euro oder ZA-Rand zu bezahlen. Lediglich First-Class-Hotels, Lodges und Reiseagenturen stellen ihre Rechnungen in harter Währung aus. Ansonsten bezahlt man in Botswana praktisch alles mit der Landeswährung Pula.

Kreditkarten wie VISA und Mastercard werden in den meisten Hotels, Restaurants und Läden akzeptiert, allerdings wird bei einer bargeldlosen Bezahlung manchmal ein Aufschlag von 3–5 % verlangt. Kreditkartenzahlungen sind bisher nur an größeren und städtischen Tankstellen möglich, auf dem Land erwarten die kleineren Tankstellen Pula in bar. US-Dollar, Euro und ZA-Rand in bar werden sowohl von den Banken als auch von Wechselstuben anerkannt.

Unten: In Botswana begegnet man Wildtieren sehr oft auch außerhalb der Nationalparks

Diplomatische Vertretungen und hilfreiche Adressen

Botschaften von Botswana

Embassy of Botswana
Lennestraße 5, 10785 Berlin, Deutschland
Tel. +49-30-887195010
E-Mail: info@embassyofbotswana.de
www.embassyofbotswana.de

Permanant Mission of Botswana
to the United Nations
80, rue de Lausanne, 1202 Genf, Schweiz
Tel. +41-22-9061060

Honorarkonsulate von Botswana

Herr Paul Eckler, Steinhöft 5–7, 20459 Hamburg, Tel. +49-40-7326191
Zuständigkeit: Norddeutschland

Herr Jürgen-Ulrich Pack, Am Hirschsprung 4, 51109 Köln, Tel. +49-221-844954

Herr Thilo Schotte, 80339 München.
Tel. +49-89-839307292323
Zuständigkeit: Bayern

Dr. Meixner, Linke Wienzeile 4,
1060 Wien, Österreich.
Tel. +43-1-5879616
Zuständigkeit: Österreich

Diplomatische Adressen in Botswana

Botschaft der Bundesrepublik Deutschland
Queens Road, Plot 1079–1084, Main Mall,
Gaborone, Botswana
Tel. +267-3953143
www.gaborone.diplo.de
Sprechzeiten: Mo–Fr von 9–12 Uhr

Honorarkonsulat von Deutschland
Dr. Michaela Sieglinde Kruck, Okavango Air Rescue, 448, Moeti Road, Maun, Botswana
Tel. +267-6861616
E-Mail: maun@hk-diplo.de

Botschaft der Republik Österreich
454A Fehrens Street, 0011 Brooklyn,
Pretoria, 0135, South Africa
(Zuständigkeit auch für Botswana)
Tel. +27-12-4529155
www.austrianembassy.co.za

Honorarkonsulat von Österreich
Fairgrounds Holdings Park,
P.O.Box 335, Gaborone, Botswana
Tel. +267-3951514
E-Mail: doreen@doreenkhama.com

Konsulat der Schweiz
225 Veale Street, Parc Nouveau
New Muckleneuk 0181,
Pretoria 0075, South Africa
Tel. +27-12-4520660
www.eda.admin.ch/pretoria

Schweizerische Botschaft
225 Veale Street, Parc Nouveau
New Muckleneuk 0181, South Africa
Tel. +27-12-4520660
E-Mail: southernafrica@eda.admin.ch
www.eda.admin.ch/pretoria

Konsulat der Schweiz
Bryte Risk Services Botswana, Fairscape Tower, Fairscape Precinct, Plot 70667, Gaborne.
Tel. +267-3635010,

Tourismus & Wildlife in Botswana

Botswana Tourism Board
Privat Bag 275, Fairground Office Park,
Gaborone, Botswana
Tel. +267-3913111
E-Mail: marketing@botswanatourism.co.bw
www.botswanatourism.co.bw

Ministry of Environment, Wildlife & Tourism (MEWT), Gaborone, Botswana
Tel. +267-6861265 / 3951405
E-Mail: dwnp@gov.bw,
http://www.gov.bw

Zweigstelle in Maun:
Boseja, Maun, Botswana
Tel. +267-6861265

CAPE TOWN
1647 MILES
CAIRO
5165 MILES

Literaturverzeichnis

Natur & Tierwelt

- Martin, David: Hwange. Elephant Country. APG, Zimbabwe (e)
- Main, Michael (1990): Zambezi. Journey of a River. Southern Book Publishers, SA (e)
- Phillipson, D. W. (1990): Mosi-oa-Tunya. A Handbook to the Victoria Falls Region. Longman, Zimbabwe (e)
- Child, Graham (1995): Wildlife and People: Wisdom Foundation, Harare, Zimbabwe (e)
- The South and East African Year Book and Guide with Atlas 1948: Union Castle Mail Steamship Co., London, GB, 1948 (e)

Pflanzen und Tiere (Bestimmungsführer)

- Stuart, Christ & Tilde: Field Guide to the Mammals of Southern Africa including Angola, Zambia & Malawi (2015): Struik Nature by Penguin Random House, South Africa. Ein Tipp für die anspruchsvolle Tierbestimmung. (e)
- Stuart, Christ & Tilde: Field Guide to the Mammals of Southern Africa (2011): Struik Publishers, Cape Town, SA. (e)
- Palgrave, Keith Coates (2003): Trees of Southern Africa, Struik Verlag, Cape Town, South Africa. Unser Tipp für Botanik-Freunde: Der dicke Wälzer ist die Bibel für die Bäume im südlichen Afrika. Sehr empfehlenswert! (e)
- Säugetiere Afrikas (1977), BLV Bestimmungsbuch, München, BRD. (d)
- Frandsen, Robin: Säugetiere des südlichen Afrika (1998): Sandton, South Africa. (d)
- Smithers, Reay: Land Mammals of Southern Africa (1996): Southern Book Publ., SA. (e)
- Barlow, T. & Wisniewski, W.: Kosmos Naturreiseführer Südliches Afrika (1998): Kosmos Verlag, BRD. (d)
- Aiken, Bruce: The Lions and Elephants of the Chobe. Struik Publishers, Cape Town, SA. (e)
- Walker, Clive: Signs of the Wild. Struik Publishers. Cape Town, SA. Sehr interessant für alle, die auch aus den Spuren lesen wollen. (e)
- Carruthers, Vincent: Fauna und Flora im südlichen Afrika (2008): Struik Verlag, South Africa. Sehr gutes deutschsprachiges Bestimmungsbuch für die typische Tier- und Pflanzenwelt im südlichen Afrika. (d)
- Hawthorne, Tracey: First Field Guide to Snakes and Signs of Southern Africa (2015): Sasol, Struik Publishers, Cape Town, SA. (e)

Ornithologie - Vogelbestimmung

- Sinclair, Ian: The larger illustrated Guide to Birds of Southern Africa (2005): Struik, South Africa. (e)
- Sinclair, Ian: Sasol Birds of Southern Africa (2009): Struik Publishers, Cape Town, SA. Als Field Guide unschlagbar. (e)
- Sinclair, Ian: Field Guide to the Birds of Southern Africa (1996): Struik-Verlag, Cape Town, SA. Sehr übersichtlich als Feld-Bestimmungsbuch. (e)
- Lindsay, Gordon: Roberts' Birds of Southern Africa (2005), CTP Book Printers, Cape Town. Natürlich unser Tipp: Sehr empfehlenswert, da sehr ausführlich und eine Koryphäe der Ornithologie! (e)
- Field Guide to Roberts' Birds of Southern Africa (1996), CTP Book Printers, Cape Town. Der Field Guide zum dicken Vogelbuch von Roberts. (e)
- Newman, Kenneth: Birds of Southern Africa (2010): Macmillan, UK. Sehr empfehlenswert! (e)
- Carruthers, Vincent: Fauna und Flora im südlichen Afrika (2008): Struik Verlag, South Africa. Sehr gutes deutschsprachiges Bestimmungsbuch für die Tier-, Vogel- und Pflanzenwelt am touristischen Wegesrand. (d)

Geschichte

- Hole, Hughes M.: The Passing of the Black Kings, 1994, Africana Book Society, Bulawayo, Zimbabwe (e)
- Thomas, Anthony: Rhodes – The Race For Africa. African Publishing Group, 1996, Harare, Zimbabwe (e)
- Mc Laughin, J.: On the Frontline, 1996, Baobab Books, Harare, Zimbabwe (e)
- Beach, D. N.: War and Politics in Zimbabwe 1840-1900. 1994, Mambo Press, Gweru, Zimbabwe (e)
- Wotte, Herbert (1973): David Livingstone, Brockhaus, Leipzig (d)
- Ki-Zerbo, Joseph (1981): Die Geschichte Schwarz-Afrikas, Fischer Verlag, Frankfurt (d)

- Pakenham, Thomas: The Scramble for Africa. (1991). Avon Books, New York, USA (e)
- Ansprenger, Franz: Politische Geschichte Afrikas im 20. Jh., 1992, Beck'sche Reihe (d)

Kultur

- Ndebele Religion and Customs, 1998, Mambo Press, Gweru, Zimbabwe (e)
- Shona Customs, 1997, Mambo Press, Gweru, Zimbabwe (e)
- The People Of The Great River, Fr. Michael Tremmel, 1994, Mambo Press, Gweru, Zimbabwe (e)
- Frauen in Afrika, explizit-Serie, 1992, Horlemann Verlag, Bad Honnef (d)
- Gronemeyer, R.: Der faule Neger, 1991, RoRoRo Verlag, Reinbek (d)
- Heritage of Zimbabwe Publications, History Society of Zimbabwe, Harare, Zimbabwe (e)
- Tremmel, M.: The People of the Great River (Tonga). 1994, Mambo Press, Gweru, Zimbabwe (e)
- Weiss, Ruth: Die Frauen von Zimbabwe, München 1983, (d)
- Frese-Weghöft, G.: Frauen tragen schwer. Vom Alltag der Frauen in Zimbabwe. Reinbek, 1991 (d)
- Brief Guide to the Archaeological Heritage of Zimbabwe, Webber Ndoro, National Museums 1994, Zimbabwe (e)
- Explizit: Frauen in Afrika (1993): Horlemann Verlag, Bad Honnef (d)

Kunst

- Schaedler, Karl-Ferdinand: Afrikanische Kunst. 1997, Heyne Verlag, München (d)
- Trovell/Nevermann: Kunst im Bild, Afrika und Ozeanien. Naturalis Verlag, München (d)
- Schaedler, Karl-Ferdinand: Africana. 1988, Battenberg Verlag, München (d)
- Förster, Till: Kunst in Afrika. 1988, DuMont Buchverlag (d)

Literatur

- Mukiwa. A White Boy in Africa. Peter Godwin, Picador, Südafrika, 1996 (e)
- Afrikanissimo – Ein Lesebuch, Piper Verlag München, 1994 (d)
- Lessing, Doris: Rückkehr nach Afrika. 1992. Hoffmann und Campe (d)
- Lessing, Doris: Eine afrikanische Tragödie, Frankfurt 1980 (d)

Verschiedenes

- Simbabwe Verstehen, Sympathie Magazin Nr. 36, Studienkreis für Tourismus, 1996, Starnberg, Deutschland (d)
- Encyclopedia Zimbabwe, 1989, Quest Publishing, Harare, Zimbabwe (e)
- Paterson of Cyrene, 1985, Mambo Press, Gweru, Zimbabwe (e)
- The Nature of Zimbabwe, 1988, IUCN, Harare, Zimbabwe (e)
- Tales of Zambia: Dick Hobson, Zambia Society Trust, London, GB. 1996 (e)
- They came to Northern Rhodesia: Richard Sampson, Cape Town, SA, 1956 (e)
- A Central African Odyssey: William W. Cowen, The Radcliffe Press, London GB, 1995 (e)
- A Historical Guide to Livingstone Town: Kristin Ese, CBC Publishing, Zimbabwe, 1996 (e)
- The South and East African Year Book and Guide with Atlas 1948: Union Castle Mail Steamship Co., London, GB, 1948 (e)
- Footloose Fools in Africa: Gladys Polson Burnie, Eigenverlag. Autobiographie, 2004 (e)
- Zabian Myths and Legends of the Wild: Kenneth Kangende, Minta Publishers, Lusaka, Zambia, 2001 (e)
- Pincott, Sharon (2009/2012): The Elephants and I / Battle for the President's Elephants, Jacana Media, SA. (e)

(d) = deutschsprachig
(e) = englischsprachig

Wertvolle Webseiten

www.victoriafalls-guide.net
https://zimparks.org.zw
www.livingstonetourism.com
www.kazavisa.info
www.zambiatourism.com
www.chobe.com

A

B

C

D

E

F

G

H

I

J

K

L

M

N

O

P

Q

R

S

T

airtel
Top Up
Here
TOP UP
& SIM CARDS
AVAILABLE
HERE
Zamtel
LIVE LIFE TODAY!
MTN
Talktime
& Sim
Packs
available
here.
ZAMBIA
DAILY MAIL LIMITED
DAILY & MAIL
SUNDAY MAIL
SOLD HERE
GET IT FIRST
GET IT RIGHT

Ehrenamtliche Vereine wie die „Hwange Conservation Society“, „Painted Dog Conservation“ und „Friends of Hwange” kümmern sich seit seit vielen Jahren um Nothilfen für die bedrohte Tierwelt im Hwange Nationalpark.

Die Tiere im Nationalpark sind alljährlich bis zum Einsetzen der Regenzeit im November auf künstliche Wasserstellen angewiesen, die zum Teil noch mit Diesel betrieben werden. Der marode Staat kann dieses Pumpensystem schon lange nicht mehr allein aufrecht erhalten, daher kümmern sich zunehmend ehrenamtliche Natur- und Tierschützer um Windräder, Diesel- und Solarpumpen. Doch deren Instandhaltung ist teuer. Rund 40 US$ kostet allein der Treibstoff, um eine einzige Dieselpumpe 24 Stunden lang laufen zu lassen.

Seit den schweren Wirtschaftskrisen in Zimbabwe verloren viele Hilfsorganisationen bedeutende Zuschüsse und internationale Spenden. Den Pumpen im Hwange Nationalpark drohte das Aus und den Wildtieren fürchterliche Not. Nur durch eine weltweite Notrufaktion konnten die finanziellen Mittel für den Erhalt der lebensrettenden künstlichen Wassertränken beschafft werden.

Doch auch weiterhin brauchen die Tiere im Hwange Nationalpark Hilfe, denn die Landesregierung kommt ihrer Verantwortung nicht ausreichend nach. Und die Menschen in Zimbabwe, die sich unermüdlich ehrenamtlich für den Erhalt des Nationalparks einsetzen, sind auf unsere finanzielle Unterstützung angewiesen.

Bitte spenden auch Sie an eine dieser engagierten Organisationen!

Weitere Informationen erhalten Sie im Internet:

Painted Dog Conservation: www.painteddog.org (siehe auch S. 195)

Hwange Conservation Society: www.hwangecons.org.uk

Friends of Hwange: www.friendsofhwange.org

Unsere Förderprojekte: https://www.hupeverlag-shop.de/i/foerderprojekte

Bibliografische Information der Deutschen Bibliothek
Die Deutsche Bibliothek verzeichnet diese Publikation in der Deutschen Nationalbibliografie: Detaillierte bibliografische Daten sind im Internet abrufbar über http://portal.dnb.de/opac.htm.

Alle Angaben und Daten in diesem Reiseführer wurden gewissenhaft recherchiert. Dennoch sind diese Angaben und Preise häufigen Veränderungen unterworfen, auch mögliche Auslassungen sind nicht völlig auszuschließen. Für eventuelle Fehler können der Verlag und die Autoren keinerlei Verpflichtung oder Haftung übernehmen.

Keine Werbung! Dieser Reiseführer ist werbefrei und wurde unabhängig, ehrlich und neutral recherchiert.

Impressum

5. aktualisierte Auflage 2024

Volkartstraße 2, 80634 München, Deutschland
Tel. +49-89-16783783 Fax +49-89-1684474
E-Mail: info@hupeverlag.de
www.hupeverlag.de

Text: Ilona Hupe
Fotos: Ilona Hupe, Manfred Vachal sowie von Melanie Vachal (S. 82 unten, S. 111 unten, S. 140 oben, S. 141, S. 150 unten, S. 152 unten, S. 166 unten) und Martina Toltschiner (S. 70 Mitte, S. 88 Mitte, S. 110 oben, S. 186 Mitte, S. 187 oben und unten, S. 203)
Karten: Manfred Vachal
Layout & Design: Ilona Hupe
Druck: Fa. Beltz Bad Langensalza GmbH, 99941 Bad Langensalza, Deutschland

Haftungsausschluss: Verlag und Autoren haben keinen Einfluss auf die Inhalte von in diesem Buch genannten Internetseiten und deren weiterführenden Links.

Printed in Germany

ISBN 978-3-932084-98-0 [19,90 Euro]